MW00513311

ISBN 978-0-364-78057-2
PIBN 11271028

Verzeichniß des Alters der vornehmsten Königen und Fürsten in Europa.

GEORGE. III König von Groß-Brittannien, 2c 23.
Franciscus Römischer-Käyser 53
Ludovicus XV. König von Franckreich 52.
Carlos König v. Spanien 46.
Joseph Emanuel König von Portugal 47.
Carl Fridrich König von Preussen 50. Fridrich Augustus König v. Pohlen 66. Friderich Adolphus König von Schweden 52. Fridrich V König v. Dännemarck 39. Carl Emanuel König von Sardinien 61. Römi. Kayserin 45. Russische Kayserin 47. Churf. v. Maynz Churfürst v. Trier 80. Churfürst v. d. Pfaltz 37. Churfürst v. Cölln 61 Churfürst v. Bayern 35. Hertzog v. Parma 42.

Zeit-Rechnung Verschiedener merckwürdigen Geschichten.

Gegenwärtiges Jahr ist von der Geburth JEsu Christi das 1762. Von Erschaffung der Welt (nach Seithi Calvisi Rechnung) das 5711. nach der Sündfluth 4055 Erfindung des Schieß-Gewehrs 393. Der Druckerey 322. Von der grossen See-Schlacht zwischen den Engeländern u. Niederländern 96. Dem hierauf erfolgten Frieden 95. Von Zustehung der Gewissens Freyheit durch König Jacobum II. 75. Von der Eroberung Gibraltars 58. Von Erfindung America durch Christof Columbum 271. Von dem erste Mißbrauch des Tobacks in Engelland 180. Von der ersten Bepflantzung Virginiens durch die Englische 156. Der Bepflantzung von New-foundland 153. Von New-Yorck 148. Von New-Engeland 142. Von Barbados 135. Von Nevis 132. Von Erbauung der Stadt Baston 134. Bepflantzung von Maryland 138 Von Carolina 94. Seit dem Jamaica den Spaniern abgenommen 107. Von der Einnehmung von New-Yorck / Albany und New-Castle durch die Englische 101. Erbauung von Burlington 85. Seit Pensylvanien den Namen bekommen 80. Von der Grundlegung von Philadelphia 79 Anlegung der Stadt Amboy 79. Dem grossen Erdbeben in Jamaica 69. Von Aufrichtung des Post Amts in America 68. Dem harten Winter 64. Der letzten nassen Erndte 43. Dem starcken Erdbeben in Pensylvanien welches bey 500 Meilen zu gleicher Zeit gefühlt, den 7 December 25 Jahr.

König GEORGE III. ist proclamirt den 26 Octob. 1760 seiner Regierung das 2te Jahr.
Der grose Comet 18 Jahr.
Von der Rebellion in Schottland 17. Von der augenscheinlichen Beschützung Nort America, vor den Frantzosen durch die Hand GOttes, 16 Jahr.
Seither der Frieden geschlossen zu Achen 13 Jahr.

Daß grose Erdbeben, so durch 4 Theile der Welt ergangen den 1 November 6 Jahr

Erklärung der Zeichen so in diesem Calender enthalten sind:

Neumond	Letztes Virtel	Zusamenkunfft ☌	Drachenhaupt ☊
		Gegenschein ☍	Das Siebengestirn 7*
Erstes Virtel	Vollmond	Gedritterschein △	3*, 3 stäb od. 3 König
		Gevierdterschein □	Stunden st
		Sextilschein ✱	Minuten m

◡ des Monds aufsteigen
◠ des Monds absteigen ● Gut Schrepffen ‡ Gut Aderlassen ✚ Mittelmäss. Ader-

Die Zwölff himmlische Zeichen:

Widder ♈	Krebs ♋	Waag ♎	Steinbock ♑
Stier ♉	Löw ♌	Scorpion ♏	Wassermann ♒
Zwilling ♊	Jungfrau ♍	Schütz ♐	Fisch ♓

Die sieben Planeten mit ihren Eigenschafften:

♄ Saturnus, kalt, trocken	☼ oder ☉ Soñ, heiß, trocke	☽ Mond, kalt, feucht, allerley.
♃ Jupiter, warm, feucht	♀ Venus, feucht, warm	☽ Apog, der ☽ weit von der erde
♂ Mars, hitzig, trocken	☿ Mercurius, warm, trocke	☽ Perig, der ☽ der erden nahe

Vom Holtz-Fällen.

Gut Bau-holtz fällen ist: Wañ der Mond abnimt und unter der erden ist, im ♉ ♍ ♑ am besten aber wañ der Safft aus dem Holtz ist, das ist, im Decemb. Wer Bäume todt hauen will, kan solche im Früh-Jahr, ehe der Saft aufsteigt, nur durch die Schale hauē, daß der Safft nicht aufsteigē kan; wer aber wartet bis der Saft aufgestiegen ist, der muß hernach gantz durch den Spund hauen.

Januarius oder Jenner hat XXXI Tage.

Woche Tage	Tage welche bemerckt werden	Der ☽ geht	Des ☽ zeichen	☽ Schein, Aspecten der Planeten und Witterung.	☉ aufgang	und Unter	Alter December.
freyt.	1 Neu Jahr	g. unt.	♓ 21	☽ neb. ♃ Kalt,	u m	u m	21 Thomas
samst	2 Abel, Seth	11 50	♈ 3	☽ neb. ♄ Schnee	7 23	4 37	22 Beata
1)	Weisen aus Morgenland Mat. 2.			Tags länge 9 st. 16			
Son	3 Enoch	Morg	♈ 16	☽ den 3. ♄ sud. 5, 23	7 23	4 14	23 Dagober.
mont	4 Methusalah	12 44	♈ 28	‡ ● kalt	7 22	4 38	24 Adam. Eva
dinst	5 Simeon	1 51	♉ 12	feucht,	7 22	4 38	25 Christtag
mittw	6 H. 3 König	3 0	♉ 25	□ ☉ ♂ □ ♃ ☿ stür-	7 21	4 39	26 Stephan.
donn	7 Isidorius	4 20	♊ 10	♂ g. a. 12, 6. misch Wet-	7 21	4 39	27 Joh. Ev.
freyt.	8 Erhardus	5 33	♊ 24	☍ ♀ ☽ ter feucht windig	7 20	4 40	28 Unſ. Kindl.
samst	9 Julianus	der ☽	♋ 9	⌒ ♄ geht unt. 11, 2. kalt	7 20	4 40	29 Noah
2)	1 S. Epiph. Ev. Da JEsus 12 Jahr Luc. 2.			Tagsläng 9 st. 22			
Son	10 Paul Eins.	g. auf	♋ 25	○ den 10. 7* sud. 8, 2.	7 19	4 41	30 David
mont	11 Hyginus	Abend	♌ 10	♃ g. u. 10, △ ♄ ☽	7 19	4 41	31 Sylvester
dinst.	12 Reinhold		♌ 25	Sir. sud. 10, 56. leydlich	7 18	4 42	1 Neu Jahr
mittw	13 Hilarius	8 54	♍ 10	7* sud. 7, 50. △ ☿ ☽	7 18	4 42	2 Abel, Seth.
donn	14 Felix	10 9	♍ 24	♄ g. unt. 10, 41. Wind,	7 17	4 43	3 Enoch
freyt	15 Maurus	11 16	♎ 8	☾ ‡ leidlich	7 17	4 43	4 Methusalah
samst	16 Marcellus	Morg	♎ 21	den 16. ♄ neb. ♂	7 16	4 44	5 Simeon
3)	2 S. Epiph. Ev. Von der Hochzeit Joh. 2.			Tags länge 9 st. 32			
Son	17 Antonius	12 20	♏ 4	♀ g. a. 6, 12. Wetter,	7 15	4 45	6 H. 3. Kön.
mont	18 Prisca	1 27	♏ 17	♃ g. u. 9, 57. ✶ ☿ ☽	7 14	4 46	7 Isidorius
dinst.	19 Sara	2 30	♏ 29	☉ in ♒ Wind	7 13	4 47	8 Erhardus
mittw	20 F. Sebast.	3 39	♐ 12	✶ ☉ ♃ helle trocken	7 12	4 48	9 Julianus
donn	21 Agnes	4 35	♐ 24	♂ g. auf. 11, 35. nun	7 11	4 49	10 Paul Eins.
freyt.	22 Vincentius.	5 35	♑ 6	□ ♂ ☿ ☋ stürmisch,	7 10	4 50	11 Hyginus
samst	23 Emerentia	der ☽	♑ 18	☽ neb. ♉ ♈ ungestüm,	7 9	4 51	12 Reinhold
4)	3 S. Epiph. Ev. Vom Aussätzigen Mat. 8.			Tags länge 9 st 46			
Son	24 Timotheus	g. unt.	♒ 0	● den 24. Sir. su. 10, 4.	7 8	4 52	13 Hilarius
mont	25 Paul Bek.	Abend	♒ 12	7* su. 7, 0. mittel-	7 7	4 53	14 Felix
dinst.	26 Polycarpus	6 25	♒ 24	✶ ☉ ♄ mässig, tem-	7 6	4 54	15 Maurus
mittw	27 F. Chrysost.	7 26	♓ 6	✠ ● perirt, nun	7 5	4 55	16 Marcellus
donn	28 Carolus	8 26	♓ 18	✶ ♃ ☿ wüst Wetter.	7 4	4 56	17 Antonius
freyt.	29 Valerius	9 25	♈ 0	☽ n. ♃ □ ♂ ♀ Schnee	7 3	4 57	18 Prisca
samst	30 Adelgunda	10 27	♈ 12	☽ neben ♄ oder Regen.	7 2	4 85	19 Sara
5)	4 S. Epiph. Ungestümmes Meer Mat. 8.			Tags länge 10 st.			
Son	31 Virgilius	11 29	♈ 24	✶ ♄ ☿ unbeständig.	7 0	5 0	20 F. Sebast.

Das erste Virtel ist den 3 um 6 uhr Morg. | Der ☽ wird voll den 10 um 2 uhr Morgens
Das letzte Virtel ist den 16 um 12 uhr Nacht. | Das neue Licht ist den 24 um 10 uhr Abend.

Februarius oder Hornung hat XXVIII. Tage.

Woche Tage	Tage welche bemerckt werden	der ☽ geht	des ☽ zeichen	☽s schein, Aspecten der Planeten und witterung	☉ aufgang	und Unterg	Alter Januari
					u m.	u m.	
mont	1 Brigitta	unter	♉ 7	den 1. ♀ g. a. 6, 19.			
dinst	2 **Lichtmeß**	Morg	♉ 21	♃ g. u. 9, 8. Wind	6 59	5 1	21 Agnes
mitw	3 Blasius	1 45	♊ 4	✱ ♃ ☽ helle kalt	6 58	5 2	22 Vincenci.
donn	4 Veronica	2 55	♊ 18	✱ ♃ ♀ schön Wetter,	6 57	5 3	23 Emerentia
freyt.	5 Agatha	4 11	♋ 2	◠ ♄ geht unter 9, 19.	6 56	5 5	24 Timotheus
samst	6 **Dorothea**	5 26	♋ 17	☌ ☉ ☿ wind u. regen	6 55	5 6	25 **Paul Bek**
6) Septu. **Ev. Von Arbeitern im Weinb. Mat. 20. Tags lä** 10 st. 14							26 Polycarpu.
Son	7 Richart	der ☽	♌ 2	Sir. sud. 9, 8. oder schnee	6 53	5 7	27 J. Chrisost.
mont	8 Salomon	g. auf	♌ 17	d. 8. ✱ ♄ ♀ feucht	6 52	5 8	
dinst	9 Apollonia.	Abend	♍ 4	7* su. 5, 58. unbe-	6 51	5 9	28 Carolus
mitw	10 Scholastic	7 36	♍ 18	‡ ● ständig kalt,	6 50	5 10	29 Valerius
donn	11 Euphrosina	8 55	♎ 3	♂ geht auf 10, 46. feucht	6 49	5 11	30 Adelgunda
freyt.	12 Eulalia	10 7	♎ 17	‡ ● △ ♀ ☽ ungestümm,	6 48	5 12	31 Virgilius
samst	13 Castor	11 15	♏ 0	☽ neb. ♂ leidlich	6 46	5 14	1 **Februari.**
7) Sexag. **Ev. Vom Säman und Samen Luc. 8. Tagslä** 10 st. 30.							2 **Lichtmeß**
Son	14 **Valentinus**	Morg	♏ 14	♄ geht unt. 8, 49. wetter.	6 45	5 15	3 Blasius
mont	15 Faustinus	12 18	♏ 26	den 15. 7* g. u. 1, 4.	6 44	5 16	
dinst	16 Juliana	1 22	♐ 9	△ ♄ ☽ mittelmäs-	6 43	5 17	4 Veronica
mitw	17 Constantia	2 30	♐ 21	♃ g. u. 8, 24. sig, tem-	6 41	5 19	5 Agatha
donn	18 Concordia	3 26	♑ 3	◡ ☉ in ♒ ✱ ♂ ☽ perirt,	6 40	5 20	6 **Dorothea**
freyt.	19 Sussanna	4 24	♑ 15	‡ ● Sir. sud. 8, 21. Kalt	6 39	5 21	7 Richart
samst	20 Eucharius	5 7	♑ 27	‡ ● △ ☉ ♂ und Frost,	6 38	5 22	8 Salomon
8) **Estomi. Ev. JEsus verkündigt s. Leiden. Luc. 18. Tagl.** 10 st. 48							9 Apollonia
Son	21 Eleonora	5 46	♒ 9	kalt	6 36	5 24	10 Scholastic.
mont	22 **Pet. Stulf.**	der ☽	♒ 21	☽ neb. ♀ feucht neblicht	6 35	5 25	
dinst	23 **Fastnacht**	g. unt.	♓ 3	den 23. feucht	6 34	5 26	11 Euphrosina
mitw	24 Aschermitw.	Abend	♓ 15	☽ neb. ☿ stürmisch	6 33	5 27	12 Eulalia
donn	25 Victorinus	7 20	♓ 27	♂ g. a. 10, 7. oder schnee,	6 31	5 29	13 Castor
freyt.	26 Nestorius	8 22	♈ 9	☽ neb. ♄ ♃ mehr	6 30	5 30	14 **Valentin.**
samst	27 Leander	9 20	♈ 21	‡ ● feucht	6 29	5 31	15 Faustinus
9) **Invoc. Ev. Christi Versuchung Mat. 4. Tags läng** 11 st. 6							16 Juliana
Son	28 Romanus	10 28	♉ 4	△ ♂ ♀ mehr feucht.	6 27	5 33	17 Constantia.

Das erste Virtel ist den 1 um 9 uhr Abends | Der ☽ wird voll den 8 zu Mittag.
Das letzte Virtel ist den 15 um 1 uhr Nach | Das neue Licht ist den 23 um 5 uhr Abends.

♀ Venus ist unser **Morgen-Stern** biß den 27 **Mertz**, und wird alsdann **Abend-Stern** bis zu Ende des Jahrs.

Martius oder Mertz hat XXXI. Tage.

Woche Tage	Tage welche bemerckt werden	Der ☽ geht	Des ☽ zeichen	☽s schein, Aspecten der Planeten und Witterung.	☉ auf gang	und Unterg	Alter Februarij.
					u m.	u m.	
mont	1 Albinus	unter.	♌ 17	7* geht unt. 12,4. Ver-			18 Concordia
dinst	2 Simplicius	Morg	♍ 1	♄ g. u. 7,58. schiedene	6 23	5 37	19 Fastnacht
mitw	3 Samuel	12 52	♍ 14	☽ den 3. □ ☉ ☽ regen,	6 22	5 38	20 Eucharius
donn	4 Adrianus	2 2	♍ 28	⌒ ♃ g. u. 7,43.	6 20	5 40	21 Eleonora
freyt.	5 Friedrich	3 11	♎ 13	☗ Sir. su. 7,27. △ ☉ ☽	6 19	5 41	22 Pet. Stulf
samst	6 Fridolinus	4 14	♎ 28	‡ ☗ kalt,	6 18	5 42	23 Serenus
10) Remisc. Vom Cananäischen Weibe Mat. 15. Tags lä. 11 st. 24							
Son	7 Perpetua	4 59	♏ 11	□ ♄ ☽ feucht neblicht,	6 17	5 43	24 Mathias
mont	8 Philemon	5 41	♏ 26	Sturmwinde,	6 15	5 45	25 Victorinus
dinst	9 Prudentia	der ☽	♐ 11	○ den 9. ☍ ♀ ☽	6 14	5 46	26 Nestorius
mitw	10 Apollonius	g. auf	♐ 26	‡ ☗ ♂ g. a. 9,19.	6 13	5 47	27 Leander
donn	11 Ernestus	Abend	♑ 11	7* g. u. 11,22. ☍ ♃ ☽	6 11	5 50	28 Romanus
freyt.	12 Gregorius	8 51	♑ 25	‡ ☗ Sir. su. 7,4. warm	6 10	5 51	1 Mertz.
samst	13 Macedonius	10 5	♒ 9	☽ neb ♂ vor diese zeit.	6 9	5 35	2 Simplicius
11) Oculi Jesus treibt einen Teuffel aus Luc. 11. Tagslän. 11 st. 44							
Son	14 Zacharias	11 14	♒ 22	Wind,	6 8	5 52	3 Samuel
mont	15 Christoph	Morg	♓ 5	Sir g. u. 11,55. △ ☿ ☽	6 7	5 53	4 Adrianus
dinst	16 Cyprianus	12 21	♓ 17	✠ ☗ helle,	6 6	5 54	5 Friedrich
mitw	17 Gertraut	1 24	♓ 29	☾ d. 17 ◡ ♃ g. u. 7,10	6 5	5 55	6 Fridolinus
donn	18 Anshelmus	2 27	♈ 11	♄ g. u. 7,4. □ ♃ ☽	6 4	5 56	7 Perpetua
freyt.	19 Joseph	3 13	♈ 23	7* g. u. 11,0. temperirt,	6 2	5 58	8 Philemon
samst	20 Matrona	3 49	♉ 5	☉ in ♈ Tag u. N. gleich	6 0	6 0	9 Prudentia
12) Lätare Ev. Jesus speiset 5000 Mañ Joh. 6. Tags länge 12 st							
Son	21 Benedictus	4 22	♉ 17	♂ g. a. 8,28. grose Ver-	5 59	6 1	10 Apollonuis
mont	22 Paulina	4 52	♊ 0	☌ ♄ ♃ änderung da al-	5 57	6 3	11 Ernestus
dinst	23 Eberhard	5 20	♊ 12	‡ ☗ les durch einander	5 56	6 4	12 Gregorius
mitw	24 Gabriel	der ☽	♊ 24	Sir. g. u. 11,23. geht mit	5 54	6 6	13 Macedoni.
donn	25 Mar. Verk.	g. unt.	♋ 6	● den 25. ☽ neb. ♀ ☿	5 53	6 7	14 Zacharias
freyt.	26 Emanuel	Abend	♋ 18	✠ ☗ ☽ neb. ♄ ♃	5 52	6 8	15 Christoph
samst	27 Gustavus	8 28	♌ 1	☌ ☉ ♀ kalt, Wind	5 50	6 10	16 Cyprianus
13) Judica Ev. Die Juden wollen Jesum stein. Joh. 8. T. l. 12 st. 22							
Son	28 Gideon	9 38	♌ 14	mit Regen oder	5 49	6 11	17 Gertraut
mont	29 Eustasius	10 48	♌ 27	⚹ ☿ ☽ Schnee,	5 48	6 12	18 Anshelmus
dinst.	30 Guido	11 51	♍ 11		5 47	6 13	19 Joseph
mitw	31 Detlaus	Morg	♍ 24	Wind.	5 46	6 14	20 Matrona

Das erste Virtel ist den 3 um 8 uhr Morg. | Der ☽ wird voll den 10 um 1 uhr Morgens.
Das letzte Virtel ist den 17 um 7 uhr Morg. | Das neue Licht ist den 25 um 10 uhr Morg.

Aprillis oder April hat XXX. Tage.

Woche Tage	Tage welche bemerckt werden	der ☽ geht	des ☽ zeichen	☽ schein, Aspecten der Planeten und witterung	☉ aufgang.	und Unterg	Alter Mertz.
					u m	u m	
donr	1 Eustachius	unter	♋ 8	☽ den 1. ‡ ● ⌒			21 Benedictus
freyt	2 Theodosia	2 7	♋ 22	Lieblich	5 44	6 16	22 Paulina
samst	3 Ferdinand	2 57	♌ 6	☌ ☉ ♄ ☌ ♃ ♀ helle	5 42	6 18	23 Eberhard
14) Palm Sont. Vom Einritt Christi. Matt. 21. Tagsläng 12 st 40							
Son	4 Ambrosius	3 38	♌ 21	☌ ☉ ♃ warm,	5 41	6 19	24 Gabriel
mont	5 Maximus	4 16	♍ 6	7* g. u. 10, 1. schön wet-	5 40	6 20	25 Mar. Verk
dinst.	6 Egesippus	4 43	♍ 20	♂ g. a. 7, 9. ☍ ☿ ☽ ter,	5 39	6 21	26 Emanuel
mitw	7 Aaron	der ☽	♎ 5	‡ ● Sturmwetter	5 37	6 23	27 Gustavus
donn	8 Gründon.	g. auf	♎ 20	○ den 8.	5 36	6 24	28 Gideon
freyt.	9 Carfreyt.	Abend	♏ 3	☽ neb. ♂ warm	5 35	6 25	29 Eustasius
samst	10 Daniel	8 59	♏ 17	Sir. g. u. 10, 21. wetter,	5 33	6 27	30 Guido
15) Ev. Von der Auferstehung Christi Marc. 16. Tagslän 12 st 58							
Son	11 Ostern	10 9	♐ 0	viele	5 32	6 28	31 Detlaus
mont	12 Ostermon.	11 17	♐ 13	☍ ♂ ♀ Platz-Regen.	5 31	6 29	1 April
dinst.	13 Justinus	Morg	♐ 26	7* g. u. 9, 30. nun	5 30	6 30	2 Theodosia
mitw	14 Tyburtius	12 18	♑ 8	‡ ● ◡ schön Wet-	5 28	6 32	3 Ferdinand
donn	15 Olympus	1 13	♑ 20	Sir. g. u. 10, 2. ter,	5 27	6 33	4 Gründon.
freyt.	16 Calixtus	1 55	♒ 2	☾ den 16. ♂ so. 11, 49.	5 26	6 34	5 Carfreyt.
samst	17 Rudolph	2 30	♒ 14	☿ g. a. 4, 10. ✶ ♄ ☽	5 25	6 35	6 Egesippus
16) Quasim. Von der verschloßnen Thür Joh. 20. Tagsl. 13 st. 16							
Son	18 Aeneas	3 4	♒ 26	△ ♂ ☽ temperirt	5 23	6 37	7 Ostern
mont	19 Aniceus	3 31	♓ 8	☉ in ♉ Wetter,	5 22	6 38	8 Dionysius
dinst.	20 Sulpitus	3 51	♓ 20	‡ ● feucht	5 21	6 39	9 Prochorus
mitw	21 Adolarius	4 9	♈ 2	‡ ● ☽ neb. ☿ stürmisch	5 20	6 40	10 Daniel
donn	22 Cajus	der ☽	♈ 14	‡ ● ☽ neb. ♄ ♃ kalt,	5 19	6 41	11 Julius
freyt.	23 Georg	g. unt.	♈ 27	● d. 12. Sir. g. u. 9, 33.	5 17	6 43	12 Eustachius
samst	24 Albertus	Abend	♉ 10	☽ neb. ♀ feucht	5 16	6 44	13 Justinus
17) Miseri. Vom guten Hirten Joh. 10. Tags länge 13 st 32							
Son	25 Marc. Ev	8 42	♉ 24	7* g. u. 8, 46. neblicht	5 15	6 45	14 Tyburtius
mont	26 Cletus	9 52	♊ 7	✶ ☉ ☽ ungestümm,	5 14	6 46	15 Olimpus
dinst,	27 Anastasius	11 4	♊ 21	♃ g. u. 4, 36. schön	5 13	6 47	16 Calixtus
mitw	28 Vitalis	Morg	♋ 5	‡ ● ⌒ ♂ sud. 10, 48.	5 12	6 48	17 Rudolph
donn	29 Sybilla	12 12	♋ 18	☽ □ ♄ ☽ Wetter,	5 10	6 50	18 Aeneas
freyt.	30 Entropius	1 1	♌ 3	d. 30. Sturmwinde.	5 9	6 51	19 Aniceus

Das erste Virtel ist den 1 um 6 uhr Abends | Der ☽ wird voll den 8 um 1 uhr Morgens
Das letzte Virtel ist den 16 um 3 uhr Mör. | Das neue Licht ist den 23 um 2 uhr Nachts

Majus oder May hat XXXI Tage.

Woche Tage	Tage welche bemerckt werden	der ☽ geht	des ☽ zeichen	☽ schein, Aspecten der Planeten und witterung		☉ aufgang u	m	Unterg u	m	Alter April.
samst	1 Phil. Jac.	unter.	♍ 16	☍ ♂ ☿	Ungestüm	u	m	u	m	20 Stulpitius
18) Jubila. Nach Trübs. Freud. Joh. 16.					Tags länge 13 st. 44					
Son	2 Sigismund	Morg	♎ 1	☍ ♄ ♂	Wetter,	5	8	6	52	21 Adolarius
mont	3 †Erfind.	2 45	♎ 16	‡ ●	helles	5	7	6	53	22 Casus
dinst	4 Florianus	3 12	♏ 0	‡ ● ☌ ♃ ☿	liebliches	5	6	6	54	23 Georg
mitw	5 Gotthard	3 38	♏ 14	‡ ● ☽ neb. ♂	Wetter,	5	5	6	55	24 Albertus
donn	6 Aggäus	der ☽	♏ 28	‡ ● 7* g. u. 8,4.	warm,	5	4	6	56	25 Marc Ev
freyt.	7 Domicilla	g. auf	♐ 11	☽ Finsterniß	don-	5	3	6	57	26 Cletus
samst	8 Stanislaus	Abend	♐ 25	sichtb.	ner Regen,	5	2	6	58	27 Anastasius
19) Cant. Christus verheißt den Tröst. Joh. 16.					Tagsläng 13 st. 48					
Son	9 Hiob	9 3	♑ 8	‡ ● Sir. g. u. 8,30.	nun	5	1	6	59	28 Vitalis
mont	10 Gordianus	10 10	♑ 20	♄ g. a. 3,46. △ ♃ ☽	hell	4	0	7	0	29 Sybilla
dinst	11 Mamertus	11 13	♒ 3	‡ ☋ ♃ g. a. 3,50.	tro-	4	59	7	1	30 Eutropius
mitw	12 Pangratius	Morg	♒ 15	♀ g. u. 8,2 □ ♂ ☽	cken,	4	58	7	2	1 May
donn	13 Servatius	12 1	♒ 27	‡ ● ♃ g. a. 3,43.	wind	4	57	7	3	2 Sigismun.
freyt.	14 Christianus	12 33	♓ 9	□ ☿ ☽	temperirt,	4	56	7	4	3 †Erfind.
samst	15 Sophia	1 4	♓ 21	den 15.	schön wet-	4	55	7	5	4 Florianus
20) Rogat. So ihr den Vatter etwas bit. Joh 16.					Tags lä. 14 st. 12					
Son	16 Peregrinus	1 31	♈ 3	‡ ● ♄ g. a. 3,16.	ter,	4	54	7	6	5 Gotthard
mont	17 Jodocus	1 55	♈ 15	‡ ● ♂ su. 9,23.		4	53	7	7	6 Aggäus
dinst	18 Liborius	2 14	♈ 27	‡ ● ⚹ ☉ ☽	etwas un-	4	52	7	8	7 Domicilla
mitw	19 Potentiana	2 34	♉ 10		gestümmer,	4	51	7	9	8 Stanislaus
donn	20 Himelfahrt	2 56	♉ 22	☽ neb. ♄ ♃	mittelmäs-	4	50	7	10	9 Hiob
freyt	21 Prudens	3 20	♊ 5	☉ in ♊	sig,	4	49	7	11	10 Gordianus
samst	22 Helena	der ☽	♊ 19	☽ neben ☿	feucht stür-	4	48	7	12	11 Mamertus
21) Exaud. H. Geistes Zeugnus Joh. 15.					Tagsläng 14 st. 26					
Son	23 Desiderius	g. unt.	♋ 2	d. 23. △ ♂ ♀	misch,	4	47	7	13	12 Pangratius
mont	24 Esther	Abend	♋ 16	☽ neb. ♀	neblicht	4	47	7	13	13 Servatius
dinst	25 Urbanus	10 1	♌ 1	‡ ● ☊ ⚹ ♄ ♀	wind	4	46	7	14	14 Christian
mitw	26 Eduardus	11 0	♌ 15	‡ ● ☌ ☉ ☿	und regen,	4	45	7	15	15 Sophia
donn	27 Lucianus	11 48	♌ 28	‡ ● ♀ g. u. 8,10.	nun	4	45	7	15	16 Himelfah.
freyt.	28 Wilhelm	Morg	♍ 14	♃ g. a. 2,43.	helle	4	44	7	16	17 Jodocus
samst	29 Maximilian	12 23	♍ 28	△ ♃ ☽		4	43	7	17	18 Liborius
22) Ev. Von sendung des H. Geistes Joh. 14.					Tagsläng 14 st. 36					
Son	30 Pfingsten	12 54	♎ 12	den 30.	und	4	42	7	18	19 Potentiana
mont	31 Pfingstmo	1 19	♎ 26	△ ♂ ☿	trocken.	4	42	7	18	20 Torpetus

Der ☽ wird voll den 7 um 11 uhr Nachts.
Das neue Licht ist den 23 um 11 uhr Vorm.

Das letzte Virtel ist den 15 um 10 uhr Abend
Das erste Virtel ist den 30 um 4 uhr Morg

Junius oder Brachmonat hat XXX. Tage.

Woche Tage		Tage welche bemerckt werden	der ☽ geht	des ☽ zeichen	☽ s schein, Aspecten der Planeten und witterung	☉ aufgang.	und Unterg	Alter May.
dinst.	1	Nicodemus	unter	♎ 9	✚ ● ☽ neb. ♂ Heiß,	u m.	u m.	21 Prudens
mitw	2	Marcellinus	2 4	♎ 23	♄ g. a. 2, 11. blitzen, don-	4 42	7 18	22 Helena
donn	3	Urbanus	2 31	♏ 7	ner, warm	4 41	7 19	23 Desiderius
freyt.	4	Eduardus	2 59	♏ 20	temperirt	4 40	7 20	24 Ester.
samst	5	Bonifacius	der ☽	♐ 4	✚ ● lieblich wetter,	4 40	7 20	25 Urbanus
23) Trinitatis Ev. Von der Wiedergeburt Joh. 3. Tagslän. 14st. 42								
Son	6	Artenius	g. auf	♐ 16	den 6. △ ♂ ☉ heiß	4 39	7 21	26 Pfingsten
mont	7	Lucretia	Abend	♐ 29	♂ su. 8, 0. oder gar	4 38	7 22	27 Lucianus
dinst	8	**Medardus**	9 42	♑ 12	✚ ● ☋ donner, etwas	4 38	7 22	28 Wilhelm
mitw	9	Barnimus	10 30	♑ 24	✚ ● □ ♄ ☽ feucht.	4 38	7 22	29 Maximil.
donn	10	Flavius	11 7	♒ 6	Temperirt	4 37	7 23	30 Wigand
freyt.	11	Barnabas	11 35	♒ 18	△ ♂ ☽ mit donner,	4 37	7 23	31 Mannilius
samst	12	Basilides	12 0	♓ 0	✱ ☉ ♄ mittelmässig	4 37	7 23	1 **Juni**
24) 1 Tr. Ev. Vom reichen Mann Luc. 16. Tags länge 14st. 48								
Son	13	Tobias	Morg	♓ 12	✚ ● ♀ g. u. 8, 57. wetter,	4 36	7 24	2 Marcellius
mont	14	Helisäus	12 20	♓ 24	den 14. ♃ g. a. 1, 51.	4 36	7 24	3 Erasmus
dinst	15	**Vitus**	12 38	♈ 6	‡ ● geneigt zum	4 36	7 24	4 Darius
mitw	16	Rolandus	12 58	♈ 18	‡ ● ☽ neb. ♄ regnen,	4 35	7 25	5 Bonifacius
donn	17	Nicander	1 20	♉ 1	☽ n. ♃ □ ♂ ♀ □ ♂ ☿	4 35	7 25	6 Artenius
freyt.	18	Arnolphus	1 44	♉ 14	☌ ♀ ☿ etwas	4 35	7 25	7 Lucretia
samst	19	Gervasius	2 17	♉ 27	✱ ♄ ☽ feucht,	4 35	7 25	8 **Medard.**
25) 2 Tr. Vom grossen Abendmahl Luc. 14. Tags länge 14st. 50								
Son	20	Sylverius	der ☽	♊ 11	♄ g. a. 1, 5. warm,	4 35	7 25	9 Barnimus
mont	21	Raphael	g. unt.	♊ 26	☉ in ♋ Längster	4 35	7 25	10 Flavius
dinst	22	Achatius	Abend	♋ 11	Tag. □ ♄ ♀ ☊	4 35	7 25	11 Barnabas
mitw	23	Agrippina	9 36	♋ 25	☽ neb. ♀ ☿ feucht, stür-	4 35	7 25	12 Basilides
donn	24	**Joh. Täuf.**	10 21	♌ 10	misch, nun	4 35	7 25	13 Tobias
freyt.	25	Elogius	10 56	♌ 24	helle,	4 35	7 25	14 Helisäus
samst	26	Jeremias	11 29	♍ 9	‡ ● ✱ ☉ ♃ heiß, tro-	4 35	7 25	15 **Vitus**
26) 3 Tr. Vom verlohrnen Schaaf Luc. 15. Tags länge 14st. 50								
Son	27	Ladislaus	11 50	♍ 23	♀ g. u. 8, 55 cken warm,	4 35	7 25	16 Rolandus
mont	28	Leo	Morg	♎ 7	den 28. ♃ g. a. 1, 0.	4 35	7 25	17 Nicander
dinst.	29	**Pet. Paul**	12 7	♎ 20	‡ ● ☽ n. ♂ doñer,	4 35	7 25	18 Arnolphus
mitw	30	Lucina	12 26	♏ 3	□ ♃ ☿ wind und regen.	4 35	7 25	19 Gervasius

Der ☽ wird voll den 6 um 11 uhr Morgens | Das letzte Virtel ist den 14 um 1 uhr Nach.
Das neue Licht ist den 21 um 9 uhr Abends | Das erste Virtel ist den 28 um 11 uhr Vor.

Julius oder Heumonat hat XXXI. Tage.

Woche Tage	Tage welche bemerckt werden		Der ☽ geht	Des ☽ zeichen	☽s schein, Aspecten der Planeten und witterung		☉ aufgang	und Unterg	Alter Junius.
donn	1	Theobald	g. unt.	♏ 17	□ ♃ ♀	Helle warm	u m.	u m.	20 Sylverius
freyt.	2	**Mar.Heim**	Morg	♐ 0	‡ ●	temperirt,	4 35	7 25	21 Raphael
samst	3	Cornelius	1 58	♐ 13	‡ ●	vielleicht	4 36	7 24	22 Achatius
27) 4 Tr. Ev. Balcken im Auge. Luc. 6.						Tags länge 14st. 48			
Son	4	Ulrich	2 34	♐ 25	‡ ● ☍ ♄ ♂	Hagel,	4 36	7 24	23 Agrippina
mont	5	Demetrius	der ☽	♑ 7	‡ ● ☋	donner, blitzen,	4 36	7 24	24 **Joh.Täuf**
dinst	6	Hector	g. auf	♑ 20	○ den 6. ♄ g. a. 12, 0.		4 37	7 23	25 Elogius
mitw	7	Edelburga	Abend	♒ 2	♂ g. u. 11, 52.	hell	4 37	7 23	26 Jeremias
donn	8	Aquilla	9 29	♒ 14	☿ g. u. 8, 48.	warm	4 38	7 23	27 Ladislaus
freyt.	9	Zeno	10 0	♒ 26	✱ ♄ ☽	mittelmässig	4 38	7 22	28 Leo
samst	10	Israel	10 22	♓ 8	‡ ●	leidlich, etwas	4 39	7 21	29 **Pet.Paul**
28) 5 Tr. Ev. Christus lehret im Schif. Luc. 5.						Tags länge 14st. 42			
Son	11	Pius.	10 44	♓ 20	✚ ● △ ☉ ☽	ungestüm	4 39	7 21	30 Lucina
mont	12	Jason	11 5	♈ 2	✚ ● ♀ g. u. 8, 57.	helle	4 40	7 20	1 **Julius.**
dinst	13	**Margaret**	11 24	♈ 14	‡ ● ♃ g. a. 12, 4.	warm	4 40	7 20	2 **Mar, Hei.**
mitw	14	Bonavent.	11 46	♈ 26	☾ den 14. ☽ n. ♄ neb-		4 41	7 19	3 Cornelius
donn	15	**Ap. Theil.**	Morg	♉ 9	☽ neb. ♃	licht,	4 42	7 18	4 Ulrich
freyt.	16	Hilarius	12 7	♉ 21	♄ g. a. 11, 25.	hell ange-	4 42	7 18	5 Demetrius
samst	17	Alexius	12 38	♊ 4	□ ☉ ♄	nehm wetter,	4 43	7 17	6 Hector
29) 6. Tr. Pharisäer Gerechtigkeit Mat. 5.						Tagslänge 14st. 34			
Son	18	Maternus	1 15	♊ 18	△ ♄ ♀	unbeständig,	4 43	7 17	7 Edelburga
mont	19	Ruffina	2 5	♋ 3	‡ ● ☊	feucht warm,	4 43	7 17	8 Aquilla
dinst.	20	Elias	der ☽	♋ 17	‡ ● 7* g. a. 12, 4.	heiß,	4 44	7 16	9 Zeno
mitw	21	Praxedes	g. unt.	♌ 3	● den 21. ☽ neb. ☿		4 45	7 15	10 Israel
donn	22	**Mar.Mag**	Abend	♌ 17	□ ♃ ☿ ✱ ♂ ♀		4 46	7 14	11 Pius
freyt.	23	Apollinaris	9 21	♍ 3	☉ in ♌ ☽ neb. ♀	feucht	4 47	7 13	12 Jason
samst	24	Christina	9 48	♍ 18	Hunds Tag Anfang.		4 48	7 12	13 **Margar.**
30) 7 Tr. Jesus speißt 4000 Mann Marc. 8.						Tags läng 14st. 22			
Son	25	**Jacobus**	10 14	♎ 0	‡ ● ✱ ☉ ☽	windig,	4 49	7 11	14 Bonavent.
mont	26	**Anna**	10 39	♎ 17	‡ ● ♀ g. u. 8, 45.	warm	4 50	7 10	15 **Ap.Theil.**
dinst	27	Martha	11 5	♏ 1	☽ den 27.	heiß	4 51	7 9	16 Hilarius
mitw	28	Panthaleon	11 34	♏ 14	□ ☉ ♂	trocken, mit	4 52	7 8	17 Alexius
donn	29	Beatrix	Morg	♏ 27	☌ ☉ ☿	regen und wind,	4 53	7 7	18 Maternus
freyt.	30	Abdon	12 4	♐ 10	△ ♃ ♀ □ ♂ ☿	lieblich	4 54	7 6	19 Ruffina
samst	31	Germanus	12 36	♐ 22	7* g. a. 11, 22.	Wetter.	4 56	7 4	20 Elias

Der ☽ wird voll den 6 um 2 uhr Morgens. Das letzte Virtel ist den 14 um 6 uhr Morg.
Das neue Licht ist den 21 um 4 uhr Morg. | Das erste Virt. ist den 27 um 7 uhr Abends.

Augustus oder Augustmonat hat XXXI Tage.

Woche Tage	Tage welche bemerckt werden	der ☽ geht	des ☽ zeichen	☽ s schein, Aspecten der Planeten und witterung	☉ auf gang	und Unterg	Alter Juli
31) 8 Tr. Ev. Von falschen Propheten Mat. 7. Tags läng 14st. 2							
Son	1 Pet. Ketten	1 20	♐ 4	□ ☉ ♃ ◡ Trocken heiß	u m.	u m.	21 Praxedes
mont	2 Stephanus	2 9	♐ 16	♃ g. a. 10, 49. blitzen,	4 58	7 2	22 Mar. Ma
dinst.	3 Augustus	der ☽	♐ 29	♄ g. a. 10, 14. mehr heiß	4 59	7 1	23 Apollinaris
mitw	4 Dominicus	g. auf	♑ 11	🌕 den 4. ☍ ♃ ♂ tro-	5 0	7 0	24 Christina
donn	5 Oßwaldus	Abend	♑ 22	✱ ♄ ☽ cken, mit	5 1	6 59	25 Jacobus
freyt.	6 Verkl. Chr.	8 20	♒ 4	♂ g. u. 10, 32. blitzen,	5 2	6 58	26 Anna
samst	7 Donatus	8 40	♒ 16	7* g. a. 10, 55. leidlich	5 3	6 57	27 Martha
32) 9 Tr. Ungerechter Haushalter Luc. 16. Tags länge 13st. 52							
Son	8 Emilius	9 4	♒ 28	hell, warm wetter,	5 4	6 56	28 Panthaleo.
mont	9 Ericus	9 21	♓ 10	‡ ☗ unfreundlich	5 5	6 55	29 Beatrix
dinst	10 Laurentius	9 42	♓ 22	☽ neb. ♄ feucht,	5 6	6 54	30 Abdon
mitw	11 Titus	10 8	♈ 5	☽ neb. ♃ hell wetter,	5 7	6 53	31 Germanus
donn	12 Clara	10 42	♈ 17	☾ d. 12. Sir. g. a. 4, 2.	5 8	6 52	1 Augustus.
freyt.	13 Hildebertus	11 19	♉ 0	♀ g. u. 8, 26.	5 9	6 51	2 Stephanu.
samst	14 Eusebius	Morg	♉ 14	7* g. a. 10, 30. trocken,	5 11	6 49	3 Augustus
33) 10 Tr. Jesus weint über Jerusal. Luc. 19. Tags länge 13st. 36							
Son	15 Mar. Him.	12 4	♉ 28	♃ g. a. 10, 3. heiß,	5 12	6 48	4 Dominicus
mont	16 Rochus	12 51	♊ 12	♄ g. a. 9, 26. ◠ helle,	5 13	6 47	5 Oßwaldus
dinst	17 Bertram	2 0	♊ 27	‡ ☗ △ ☉ ♄ mehr helle,	5 14	6 46	6 Verkl. Chr
mitw	18 Agapitus	der ☽	♋ 12	☽ neb. ☿ feucht stür-	5 15	6 45	7 Donatus
donn	19 Sebaldus	g. unt.	♋ 27	● d. 19. ♂ g. u. 10, 0.	5 16	6 44	8 Emilius
freyt.	20 Bernhard	Abend	♌ 13	misch warm,	5 18	6 42	9 Ericus
samst	21 Rebecca	8 16	♌ 28	mehr heiß,	5 19	6 41	10 Laurenti.
34) 11 Tr. Pharisäer und Zöllner Luc. 18. Tags länge 13st. 20.							
Son	22 Philibert	8 42	♍ 12	☽ neb. ♀ feucht neblicht	5 20	6 40	11 Titus
mont	23 Zachäus	9 10	♍ 26	☉ in ♍ heiß	5 21	6 39	12 Clara
dinst	24 Bartholo.	9 39	♎ 10	7* g. a. 9, 52. mit	5 22	6 38	13 Hildebertus
mitw	25 Ludovicus	10 13	♎ 24	☽ neb. ♂ blitz u. donner.	5 24	6 36	14 Eusebius
donn	26 Samuel	10 50	♏ 6	☽ d. 26. Sir. g. a. 3, 11.	5 25	6 35	15 Mar. Him
freyt.	27 Gebhardus	11 33	♏ 19	♀ g. u. 8, 5. nun	5 26	6 34	16 Rochus
samst	28 Augustinus	Morg	♐ 1	□ ♂ ☿ ◡ stürmisch,	5 28	6 32	17 Bertram
35) 12 Tr. Vom Tauben und Stummen Marc. 7. Tags län. 13st. 2							
Son	29 Joh. Enth	12 19	♐ 14	‡ ☗ △ ♄ ☿ windig,	5 29	6 31	18 Agapitus
mont	30 Benjamin	1 12	♐ 26	‡ ☗ unbeständig	5 30	6 30	19 Sebaldus
dinst	31 Paulinus.	2 15	♑ 8	♄ g. a. 8, 28. Wetter.	5 31	6 29	20 Bernhard

Der ☽ wird voll den 4 um 5 uhr Nachmit.	Das letzte Virtel ist den 12 um 6 uhr Abends
Das neue Licht ist den 19 um 10 uhr Morg.	Das erste Virtel ist den 26 um 6 uhr Mor.

September oder Herbstmonat hat XXX Tage.

Woche Tage	Tage welche bemerckt werden	der ☽ geht	des ☽ zeichen	☽s schein, Aspecten der Planeten und Witterung.	☉ aufgang	und Unterg	Alter Augusti.
mitw	1 **Egidius**		♒ 20	**Hunds Tag Ende.**	u m.	u m.	21 Rebecca
donn	2 Elisa	der ☽	♓ 2	△ ☉ ♃ Helle, warm,	5 34	6 26	22 Philibert
freyt	3 Mansuetus	g. auf	♓ 13	☺ den 3. trocken,	5 35	6 25	23 Zachäus
samst	4 Moses	Abend	♓ 25	‡ ● 7* g. a. 9, 13.	5 36	6 24	24 **Bartholo.**
36) 13 **Tr. Barmhertzigen Samaritter Luc. 10. Tags lä. 12 st. 44**							
Son	5 Nathanael	7 38	♈ 7	‡ ● ☍ ♄ ♀ stürmisch,	5 38	6 22	25 Ludovicus
mont	6 Magnus	7 58	♈ 19	☽ n. ♄ △ ♃ ☿ mit regẽ,	5 39	6 21	26 Samuel
dinst	7 Regina	8 24	♉ 2	Sir. g. a. 2, 26. nun	5 40	6 20	27 Gebhardus
mitw	8 **Mar. Geb.**	8 52	♉ 14	☽ neb. ♃ helle u. trocken,	5 41	6 19	28 Augustinus
donn	9 Bruno	9 24	♉ 27	warm,	5 43	6 17	29 **Joh. Ent.**
freyt.	10 Pulcheria	10 3	♊ 10	☾ hell wetter,	5 44	6 16	30 Benjamin
samst	11 Protus	10 53	♊ 23	d. 11. ♂ g. u. 9, 21.	5 45	6 15	31 Paulinus
37) 14 **Tr. Ev. Von 10 Aussätzigen. Luc. 17. Tags läng 12 st. 26**							
Son	12 Gottlieb	12 0	♋ 7	♀ g. u. 7, 48. ⌢ schön	5 47	6 13	1 **Septemb.**
mont	13 Amatus	Morg	♋ 21	‡ ● 7* g. a. 8, 40. wetter,	5 48	6 12	2 Elisa
dinst	14 †Erhöhung	1 6	♌ 5	Sir. g. a. 2, 1. temperirt,	5 49	6 11	3 Mansuetus
mitw	15 Nicotas	2 13	♌ 20	△ ♄ ☽ leidlich wetter,	5 51	6 9	4 Moses
donn	16 Euphemia	der ☽	♍ 6	‡ ● ♄ g. a. 7, 27.	5 52	6 8	5 Nathanael
freyt.	17 Lampertus	g. unt.	♍ 21	● den 17. ♃ g. a. 8, 2.	5 53	6 7	6 Magnus
samst	18 Siegfried	Abend	♎ 6	☽ n. ☿ feucht stür=	5 54	6 6	7 Regina
38) 15 **Tr. Vom ungerech. Mammon. Mat. 6. Tags län. 12 st. 8**							
Son	19 Micleta	7 16	♎ 21	‡ ● ☍ ♃ ♀ misch,	5 56	6 4	8 **Mar. Geb**
mont	20 Jonas	7 43	♏ 5	☽ n. ♀ neblicht, feucht,	5 57	6 3	9 Bruno
dinst	21 **Matthäus**	8 16	♏ 19	✶ ♂ ☿ windig,	5 58	6 2	10 Pulcheria
mitw	22 Mauritius	8 51	♐ 2	☉ in ♎ Ungestüm,	5 59	6 1	11 Protus
donn	23 Linus	9 35	♐ 15	☽ neb. ♂ heiß mit bliz	6 0	6 0	12 Gottlieb
freyt.	24 **Joh. Empf**	10 23	♐ 28	☽ den 24. und donner	6 1	5 59	13 Amatus
samst	25 Cleophas	11 17	♑ 10	‡ ● ⌣ ♂ u. 9, 5.	6 3	5 57	14 †Erhöhung
39) 16 **Tr. Ev. Von der Witwen Sohn Luc. 7. Tagslän. 11 st. 50**							
Son	26 Justina	Morg	♑ 23	7* g. a. 7, 52 mehr warm,	6 5	5 55	15 Nicotas
mont	27 Coßmus	12 18	♒ 5	♀ g. u. 7, 36. nun	6 6	5 54	16 Euphemia
dinst.	28 Wenceslaus	1 17	♒ 16	Sir. g. a. 1, 11. hell	6 8	5 52	17 Lampertus
mitw	29 **Michael**	2 16	♒ 28	und	6 9	5 51	18 Siegfried
donn	30 Hieronymus	3 18	♓ 10	✶ ♃ ☽ trocken.	6 10	5 50	19 Micleta

Der ☽ wird voll den 3 um 9 uhr Morgens. Das letzte Virtel ist den 11 um 3 uhr Morg.
Das neue Licht ist den 17 um 6 uhr Abend. Das erste Virtel ist den 24 um 7 uhr Abends.

October oder Weinmonat hat XXXI Tag

Wochē Tage	Tage welche bemercket werden	der ☽ geht	des ☽ zeichen	☽ s schein. Aspecten der Planeten und witterung	☉ aufgang und	Unterg	Alter September
					u m.	u m.	
freyt.	1 Remigius	auf	♓ 22	○ □ ♂ ☽ Warm			20 Jonas
samst	2 Vollradus	Abend	♈ 4	den 2. ♃ g. a. 7, 5.	6 12	5 48	21 Mathäus
40) 17 Tr. Vom Wassersüchtigen Luc. 14. Tags länge 11 st. 34							
Son	3 Jairus		♈ 16	♄ su. 12, 46. wetter,	6 13	5 47	22 Mauritius
mont	4 Franciscus	6 35	♈ 28	☽ n. ♄ feucht wüst wet-	6 15	5 45	23 Linus
dinst	5 Placidus	7 2	♉ 11	☽ n. ♃ ter, nun schön	6 17	5 43	24 Jo. Empf.
mitw	6 Fides	7 33	♉ 24	7* g. a. 7, 16. mittel-	6 18	5 42	25 Cleophas
donn	7 Amalia	8 6	♊ 6	mässig leidlich	6 19	5 41	26 Justina
freyt	8 Pelagius	8 54	♊ 20	✶ ♄ ☽ Wetter,	6 21	5 39	27 Coßmus
samst	9 Dionysius	9 48	♋ 3	‡ ● ⌒ Sir. g. a. 12, 30.	6 22	5 38	28 Wencesla.
41) 18 Tr. Vom grösten Gebott Matt. 22. Tags lä. 11 st. 14							
Son	10 Gereon	11 0	♋ 17	☾ den 10. nun	6 23	5 37	29 Michael
mont	11 Burckhard	Morg	♌ 1	♂ g. u. 8, 50. ange-	6 25	5 35	30 Hieronym.
dinst	12 Veritas	12 12	♌ 15	♀ g. u. 7, 30. nehm	6 26	5 34	1 October
mitw	13 Colomann	1 24	♌ 29	♃ sud. 1, 9. wetter,	6 27	5 33	2 Vollradus
donn	14 Fortunata	2 41	♍ 14	‡ ● ☍ ☉ ♄ kalt, wüst,	6 28	5 32	3 Jairus
freyt.	15 Hedwig	4 6	♍ 29	7* g. a. 6, 42. unbestän-	6 30	5 30	4 Franciscus
samst	16 Gallus	der ☽	♎ 14	‡ ● Sir. g. a. 12, 4.	6 31	5 29	5 Placidus
42) 19 Tr. Vom Gichtbrüchigen Mat. 9. Tags länge 10 st. 56							
Son	17 Florentina	g. unt.	♎ 29	● den 17. dig,	6 32	5 28	6 Fides
mont	18 Lucas Ev	Abend	♏ 13	☽ neb ☿ feucht,	6 33	5 27	7 Amalia
dinst	19 Ptolomäus	7 1	♏ 27	♄ su. 11, 44. neblicht,	6 34	5 26	8 Pelagius
mitw	20 Felicianus	7 42	♐ 11	☽ neb. ♀ warm	6 36	5 24	9 Dionisius
donn	21 Ursula	8 28	♐ 24	♂ g. u. 8, 41. oder	6 37	5 23	10 Gereon
freyt.	22 Cordula	9 20	♑ 7	☽ neb. ♂ ◡ gar donner,	6 39	5 21	11 Burckhard
samst	23 Severinus	10 17	♑ 19	☉ in ♏ unbestän-	6 40	5 20	12 Veritas
43) 20 Tr. Vom Hochzeitlich. Kleide Matt. 22. Tags l. 10 st. 38							
Son	24 Salome	11 20	♒ 1	☽ d. 24. ☿ g. u. 6, 24.	6 41	5 19	13 Colomann
mont	25 Chrispinus	Morg	♒ 13	Sir. g. a. 11, 31.	6 42	5 18	14 Fortunata
dinst.	26 Amandus	12 18	♒ 25	△ ♄ ♀ dig feucht,	6 44	5 16	15 Hedwig
mitw	27 Sabina	1 19	♓ 7	‡ ● ✶ ☉ ♂ helle warm	6 45	5 15	16 Gallus
donn	28 Sim. Judä	2 24	♓ 19	△ ♃ ♂ mit blitzen und	6 46	5 14	17 Florentina
freyt.	29 Engelhard	3 28	♈ 1	‡ ● ☍ ☉ ♃ donner,	6 48	5 12	18 Lucas E.
samst	30 Serapion	4 25	♈ 13	♃ su. 11, 56. warm	6 49	5 11	19 Ptolomäus
44) 21 Tr. Von des Königischen Sohn Joh. 4. Tags län. 10 st. 20							
Son	31 Wolfgang	5 25	♈ 25	☽ n. ♄ regenhafft wüst.	6 50	5 10	20 Felicianus

Der ☽ wird voll den 2 um 11 uhr Nachts | Das letzte Virtel ist den 10 zu Mittag
Das neue Licht ist den 17 um 3 uhr Morgens | Das erste Virtel ist den 24 um 2 u. Nachm

November oder Wintermonat hat XXX Tage.

Woche Tage	Tage welche bemerckt werden	der ☽ des ☽ geht zeichen	☽ ☿ schein, Aspecten der Planeten und witterung	☉ aufgang und Unterg	Alter October
mont	1 Aller Heil.	g. auf ♐ 7	den 1. ☽ n. ♄ Re= u m. u m.		21 Ursula
dinst	2 Aller Seel.	Abend ♑ 20	♀ g. u. 7, 36. gen=	6 52 5 8	22 Cordula
mitw	3 Theophilus	6 18 ♒ 3	♂ ☌ ☽ hafft, Sturm=	6 53 5 7	23 Severinus
donn	4 Charlotta	6 59 ♒ 16	wetter,	6 54 5 6	24 Salome
freyt	5 Malachias	7 52 ♓ 0	☌ ☿ ☽ feucht, wind,	6 56 5 4	25 Chrispinus
samst	6 Leonhard	8 46 ♓ 13	✶ ☍ ☌ g. u. 8, 34.	6 57 5 3	26 Amandus
45) 22 Tr. Ev. Königs Rechnung Matt. 18. Tags länge 10 st. 4
Son	7 Engelbertus	10 0 ♈ 27	✶ ☍ Sir. g. a. 10, 40.	6 58 5 2	27 Sabina
mont	8 Cäcilia	11 18 ♉ 11	☾ den 8. ♄ sud. 10, 18.	6 59 5 1	28 Sim. Jud.
dinst	9 Theodorus	Morg ♉ 25	feucht	7 0 5 0	29 Engelhard
mitw	10 Mart. Luth.	12 34 ♊ 10	☌ ☿ ☽ unge=	7 1 4 59	30 Serapion
donn	11 Mart. Bis.	1 46 ♋ 23	✚ ☍ stümm	7 2 4 58	31 Wolfgang
freyt	12 Cunibertus	2 57 ♌ 8	✚ ♀ g. u. 7, 38.	7 3 4 57	1 Novemb.
samst	13 Briccius	4 14 ♌ 23	✚ ♄ su. 10, 53.	7 4 4 56	2 Aller Seel.
46) 23 Tr. Vom Zinßgroschen Matt. 22. Tags länge 9 st. 50
Son	14 Levinus	der ☽ ♍ 7	✶ ☌ ♂ su. 12, 8. feucht	7 5 4 55	3 Theophilus
mont	15 Leopoldus	g. unt. ♍ 21	☉ den 15. ☽ neb. ✶	7 6 4 54	4 Charlotta
dinst	16 Ottomarus	Abend ♎ 5	☐ ♄ stürmisch,	7 7 4 53	5 Malachias
mitw	17 Alphäus	6 8 ♎ 19	♂ ☉ ☿ leidlich wind und	7 8 4 52	6 Leonhard
donn	18 Gelasius	6 58 ♏ 2	Sir. g. a. 9, 55. ☽ platz	7 9 4 51	7 Engelbert 9
freyt	19 Elisabeth	7 58 ♏ 14	✚ ☽ neb. ♀ regen,	7 10 4 50	8 Cäcilia
samst	20 Amos	9 1 ♏ 27	✚ ☽ neb. ♄ feucht	7 11 4 49	9 Theodorus
47) 24 Tr. Von Jairi Töchterlein Mat. 9. Tags länge 9 st. 36
Son	21 Mar. Opf.	10 6 ♐ 9	neblicht warm,	7 12 4 48	10 Mart. Luth.
mont	22 Alphonsus	11 4 ♐ 21	☉ in ♐ kalt,	7 13 4 47	11 Mar. Bis.
dinst	23 Clemens	Morg ♑ 3	☾ den 23. ♄ su. 9, 16.	7 13 4 47	12 Cunibertus
mitw	24 Chrysogenes	12 6 ♑ 15	✶ ☍ ♂ g. u. 8, 29.	7 14 4 46	13 Briccius
donn	25 Catharina	1 5 ♒ 27	✶ su. 11, 26.	7 15 4 45	14 Levinus
freyt	26 Conrad	2 8 ♓ 9	☐ ♀ regen oder schnee,	7 16 4 44	15 Leopoldus
samst	27 Josaphat	3 5 ♓ 21	✶ ☍ ☽ neb. ♄ feucht	7 16 4 44	16 Ottomarus
48) 1 Advent. Vom Einritt Christi Mat. 21. Tags lä. 9 st. 26
Son	28 Güntherus	4 7 ♈ 3	☽ neb. ✶ kalt wetter,	7 17 4 43	17 Alphäus
mont	29 Saturnus	5 14 ♈ 16	♀ g. u. 7, 39. etwas	7 18 4 42	18 Gelasius
dinst	30 Andreas	der ☽ ♉ 29	✶ su. 9, 34. kalt.	7 19 4 41	19 Elisabeth

Der ☽ wird voll den 1 um 3 uhr Nachmit. | Das letzte Virtel ist den 8 um 6 uhr Abend.
Das neue Licht ist den 15 um 2 uhr Nach. | Das erste Virtel ist den 23 um 9 uhr Morg.

December oder Christmonat hat XXXI Tage.

Woche Tage	Tage welche bemerckt werden	der ☽ geht	des ☽ zeichen	☽ schein, Aspecten der Planeten und witterung	☉ aufgang	und Unterg	Alter November
					u. m.	u. m.	
mitw	1 Longinus	auf	♊ 12	○ Den 1.			20 Amos
donn	2 Candidus	Abend	♊ 26	□ ♃ ♂ Trocken	7 20	4 40	21 Mar Opf.
freyt.	3 Cassianus	6 38	♋ 10	‡ ● ◠ wetter,	7 21	4 39	22 Alphonsus
samst	4 Barbara	7 45	♋ 24	‡ ● 7* su. 10, 48.	7 21	4 39	23 Clemens
49) 2 Adv. Jüngsten Gericht Luc. 21. Tags länge 9 st. 16							
Son	5 Abigail	9 0	♌ 8	☍ ♂ ☽ Sturmwinde,	7 22	4 38	24 Chrysogen.
mont	6 Nicolaus	10 15	♌ 22	Sir. g. a. 8, 37.	7 23	4 37	25 Catharina
dinst	7 Agathon	11 31	♍ 6	‡ ● ♄ su. 8, 11. kalt,	7 23	4 37	26 Conrad
mitw	8 Mar. Emp.	Morg	♍ 20	☾ d. 8. ✶ ♀ ☿ feucht,	7 23	4 37	27 Josaphat
donn	9 Joachimus	12 38	♎ 4	‡ ● mit vielem regẽ,	7 23	4 37	28 Güntherus
freyt	10 Judith	1 47	♎ 18	‡ ● △ ☉ ♄ temperirt	7 24	4 36	29 Saturnus
samst	11 Barsabas	2 55	♏ 2	♂ g. u. 8, 22.	7 24	4 36	30 Andreas
50) 3 Advent. Johannes im Gefängnis Mat. 11. Tags l. 9 st. 10							
Son	12 Ottilia	4 7	♏ 16	‡ ● ♃ su. 8, 37.	7 25	4 35	1 December
mont	13 Lucia	5 23	♐ 0	☽ neb. ☿ feucht stürmisch	7 25	4 35	2 Candidus
dinst	14 Nicasius	der ☽	♐ 13	7* su. 10, 4. Wetter,	7 25	4 35	3 Cassianus
mitw	15 Ignatius	g. unt.	♐ 26	● d. 15. Sir. g. a. 8, 0.	7 25	4 35	4 Barbara
donn	16 Ananias	Abend	♑ 10	‡ ● ◡ kalt wetter,	7 25	4 35	5 Abigail
freyt	17 Lazarus	6 31	♑ 22	‡ ● ♀ g. u. 7, 9.	7 25	4 35	6 Nicolaus
samst	18 Arnoldus	7 41	♒ 5	☽ neb. ♀ neblicht, feucht	7 25	4 35	7 Agathon
51) 4 Advent. Joh. zeuget von Christo Joh. 1. Tags län. 9 st. 10							
Son	19 Abraham	8 40	♒ 17	☽ neb. ♂ warm vor die	7 25	4 35	8 Mar. Emp
mont	20 Ammon	9 44	♒ 29	♄ sud. 7, 13. Zeit,	7 25	4 35	9 Joachimus
dinst	21 Thomas	10 45	♓ 11	☉ in ♑ Kürtzter Tag.	7 25	4 35	10 Judith
mitw	22 Beata	11 44	♓ 23	△ ☉ ♃ □ ♃ ♀ warm,	7 25	4 35	11 Bersabas
donn	23 Dagobertus	Morg	♈ 4	☽ 23. ✶ ♄ ♂ ✶ ♂ ☿	7 25	4 35	12 Ottilia
freyt.	24 Adam, Eva	12 36	♈ 16	☽ neb. ♄ kalt,	7 25	4 35	13 Lucia
samst	25 Christtag.	1 38	♈ 28	☽ neb. ♃ feucht wetter,	7 25	4 35	14 Nicasius
52) Ev. Von der Geburt Christi, Luc. 2. Tags länge 9 st. 10							
Son	26 Stephan.	2 41	♉ 11	Sir. g. a. 7, 12.	7 25	4 35	15 Ignatius
mont	27 Joh. Ev.	3 46	♉ 24	♀ g. u. 6, 26. kalt,	7 25	4 35	16 Ananias
dinst	28 Unsch. Kindl.	4 58	♊ 7	7* su. 9, 0.	7 25	4 35	17 Lazarus
mitw	29 Noah	5 58	♊ 21	□ ♂ ☽ windig.	7 25	4 35	18 Arnoldus
donn	30 David	6 55	♋ 5	○ den 30. ◠	7 24	4 36	19 Abraham
freyt.	31 Sylvester		♋ 19	‡ ●	7 24	4 36	20 Ammon

Der ☽ wird voll den 1 um 5 uhr Morg. | Das letzte Virtel ist den 8 um uhr 4 Morg.
Das neue Licht ist den 15 um 4 uhr Morg. | Das erste Virtel ist den 23 um 7 uhr Morg.
Der Mond wird voll den 30 um 7 Uhr Abends.

Vom Schröpffen und Aderlassen

Ob man schröpffen solle, und wann die rechte Zeit sey, kan ein jeder selbst so leicht erachten, als man es ihm sagen kan: Nemlich, wann es in der Haut jucket oder beisset, sonderlich wann nassende Blättergen kommen, woraus gemeiniglich die bekante Krätze folget. Wann man schröpffet soll die Stube wohl warm seyn, dann wann die Haut bloß, darzu noch Löcher drein gehauen sind, und schlägt die Kälte drein, so wirds eben so leicht schlimmer als besser; will es das erstemal nicht weichen, so kan mans zum zweyten oder drittenmal wiederholen.

Aderlassen ist nützlich, in Vollblüthigkeit, Erstarrungen, Blut-speyen, Stück-Flüsse 2c. Da sehet man weder auf Zeichen, noch Zeit oder Stunde. Die sich ans Aderlassen gewöhnet, und von Natur viel Blut bauen, lassen am füglichsten im abnehmenden Licht, wann Tag und Nacht gleich, oder im Mayen, auch wann die Rosen blühen. Man lässet nicht in Mangel des Bluts, nicht in bösen Fiebern, oder Ohnmachten, nicht den Aufgedronsenen, auch nicht schwachen alten Leuten, nicht zu viel den Schwangern noch in langwierigen Kranckheiten; auch nicht viel wann das Blut hellroth laufft.

♈	♉	♊	♋	♌	♍	♎	♏	♐	♑	♒	♓
gut	bös	bös	mit	bös	mit	gut	mit	mit	gut	bös	mit

Der Widder regirt das Haupt, darinnen ist gut lassen, aber nicht am Haupt;

Der Stier den Halß und Gurgel;
Die Zwillinge die Schultern Arme und Hände;
Der Krebs die Lunge, Miltz und Magen;
Der Löw das Hertz und Rücken;
Die Jungfrau den Bauch und Gedärme;
Die Waag die Nieren und Blase
Der Scorpion die Scham;
Der Schütz die Hüfften;
Der Steinbock die Knie;
Der Wassermann die Waaden und Schienbein;
Die Fische die Füsse.

Die Planeten beherrschen

♄ Das rechte Ohr, Brüste, Wartzen.
♃ das Lincke Ohr, Hertz, Leber, und Rippen.
♂ Das ganze Haupt, die Gall.
☉ Das Angesicht, vornemlich die Augen, auch Zähne, Hertz, Seiten, Schenckel.
♀ Nieren und Geburts-Glied an Mann und Frauen.
☿ Das Gedächtniß, Sinne, Gehirn, Zung, Schienbein.
☽ Geburts-Glieder an Mann und Frauen, Gehirn, Kehle, Magen, Bauch, Eingeweide auch (nebenst ♃) die Leber, und (nebenst ☉) Angesicht und Augen.

Ueber das ist zu erinnern, daß wer Aderlassen will, es sey auf dem Arm, auf einer Hand oder Fuß, so muß das gantze Glied ohnfehlbar warm seyn; ist es aber kalt, wie es offt geschiehet wan die Leuthe von ferne hin zum Aderläßer reithen im Früh- oder Späthjahr, wan es ohnedem zuweilen morgens kühle ist, so wird das Blut wenig oder gar nicht lauffen, weil die Kälte das Blut erstarren macht, und ob schon die Füsse oder Hände in warm Wasser sind, so wird es offt nicht weiter warm, als so weit das Wasser reicht; gehet man aber einen weiten Weg zu fuß, so werden schwache Naturen leicht ohnmächtig doch wird eine Ohnmacht beym aderlassen nichts geachtet.

Was vom Blut nach dem Aderlassen zu muthmassen ist.

1) Schön roth Blut mit Wasser oben bedeckt, bedeut gute Gesundheit. 2) Roth und schaumicht, viel Geblüt. 3) Roth mit einem schwartzen Ring, Gicht. 4) Schwartz, schäumig oder eyterig, böse Feuchtigkeit und kalte Flüß. 5) Weiß Blut ist eine Anzeigung zäher feuchten Verschleimungen. 6) Blau, Miltzweh oder Melancholie. 7) Grün Blut, Hertzweh oder hitzige Gall. 8) Gelb Blut, Weh an der Leber u. Gall. 9) Wässerig bedeutet eine schwache Leber, oder überschwemten Magen, 10) Dick, hart und zähes Blut, ist eine Anzeigung der Verstopffung oder Melancholie.

Eine Tafel welche meldet was das Gold und Silber in Pensylvanien gilt und wiegt soll.

	Pf.	Sch.	Pens.	Penniwägt.	grän.
Eine Englische Ginä gilt.	1	14	0	5	6
Eine frantzösische Ginä	1	13	6	5	5
Mayder	2	3	6	6	18
Johannes	5	15	0	18	8
Halbe Johannes	2	17	6	9	4
Carolina	1	14	0	5	4
Deutsche Ducate	0	14	0	2	4
Frantzösische Pistole.	1	6	6 soll	4	4
Spanische Pistole	1	7	0 wiegen	4	6
Arabische Schequin	0	13	6	2	3
Andere Gold-Müntze die Untz	6	5	0		
Ein Frantzösischer Thaler	0	7	6		
Ein Spanischer Thaler oder ein Stück von achten	0	7	6	17	6
Ander gut spanisch gemüntzt Silber, die Untz	0	8	6		

Ausrechnung der Interessen: 6 vom Hundert. von 20 Schilling biß 100 Pfund.

Pfund	2 Mon. f p q	4 Mon. f p q	6 Mon. f p q	12 Mo. f p q
1	0 2 2	0 4 3	0 7 0	1 2 1
2	0 4 3	0 9 2	1 2 1	2 4 3
3	0 7 1	1 2 1	1 9 2	3 7 0
4	0 9 2	1 7 0	2 4 3	4 9 2
5	1 0 0	2 0 0	3 0 0	6 0 0
6	1 2 1	2 4 3	3 7 0	7 2 1
7	1 4 3	2 9 2	4 2 1	8 4 3
8	1 7 0	3 2 1	4 9 2	9 7 0
9	1 9 2	3 7 0	5 4 3	10 9 2

Pfund	pf f p	pf f p	pf f p	pf f p
10	0 2 0	0 4 0	0 6 0	0 12 0
20	0 4 0	0 8 0	0 12 0	1 4 0
30	0 6 0	0 12 0	0 18 0	1 16 0
40	0 8 0	0 16 0	1 4 0	2 8 0
50	0 10 0	1 0 0	1 10 0	3 0 0
60	0 12 0	1 4 0	1 16 0	3 12 0
70	0 14 0	1 8 0	2 2 0	4 4 0
80	0 16 9	1 12 0	2 8 0	4 16 0
90	0 18 0	1 16 0	2 14 0	5 8 0
100	1 0 0	2 0 0	3 0 0	6 0 0

Wollet ihr wissen die Interesse von 20 Pfund Capital vor 2 Monath: So suchet in der ersten Column unter 2 Monath, 6 Monath 2 stehet: Und ihr werdet finden, das in der nechsten Column unter 2 Mon. gesetzet ist 4 Schill. vor 4 Mon. 8 Schill. vor 6 Mon. 12 Schill. vor 12 Mon. 1 Pf. 4 Schill. Und so im übrigen.

Betrug und Wucher nehmen, *
Ist keines Juden Pflicht; †
Wer wolte sich nicht schämen,
Wann man von Christen spricht:
Die vielmehr als die Heiden, ‡
Beflecken ihren Ruhm,
In diesen letzten Zeiten,
O schlechtes Christenthum.
Doch Eigenliebe decket,
Den Schaden künstlich zu;
Biß sie der Tod erschrecket,
Und stöhret ihre Ruh.
Drum wer nicht will verlieren,
Sein gantzes Capital;
Der laß sich nicht verführen,
Durch seine eigne Wahl;
Er gebe denen Armen,
Von seinem Ueberfluß,
Aus Christlichem Erbarmen,
Und nehme den Genuß,
Aus seines Schöpfers Händen, ††
Mit vollem Segen hin,
So wird er sich zuwenden,
Unendlichen Gewinn.

* Hesekiel 18, 17. † Nehem. 5, 11. Pf. 15, 5.
‡ Röm. 2, 14. 15. †† Dan. 4, 24.

Von den Finsternüssen des Jahrs 1762.

Dieses Jahr begeben sich vier Finsternisse, davon werden zwey an der Sonne und zwey an dem Mond seyn, in nachfolgender Ordnung.

Die erste begiebt sich an der Sonne Freytags den 23sten April zu Mitternacht, derhalben ist sie in diesem Welttheil unsichtbar.

Die zweyte geschiehet an dem Mond Freytags den 7ten May, Nachts um 11 Uhr, sie wird verfinstert 9½ Zoll, wie in beystehender Figur zu ersehen ist.

	U.	Min.
Der Anfang ist um	9	30
Die Mitte	11	1
Das Ende.	12	32

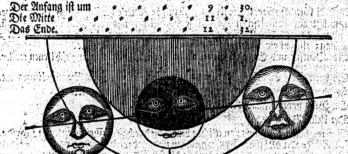

Die dritte begibt sich an der Sonnen Sontags den 17ten October, Morgens um 3 Uhr, derhalben unsichtbar.

Die vierte geschiehet an dem Mond Montags den 1sten November Nachmittags um 3 Uhr, also auch unsichtbar.

Verzeichnuß derer Bücher welche in der Germantoner Druckerey gedruckt worden sind, und sind noch gegenwärtig daselbst, wie auch in Lancaster bey Mr. Ludwig Laumann zu haben.

Bibeln in groß Quarto.

Neue Testamenter auf gut Papier und gut gebunden.

Das

Das Marburger Lutherische Gesangbuch von 615 Liedern, nebst noch einem Anhang von 74 außerlesenen Liedern ꝛc. ꝛc.

Menonisten Liederbücher, gut gebunden.

Psalter Davids vor Kinder in die Schule.

Dreyerley Deutsche und dreyerley Englische A B C Bücher.

Johann Habermans Gebät Bücher.

Johann Bunians Christen-Reiß Drittertheil, vorstellende die Reiße des Zart-Gewissens.

Auszug aus Christians Hoburgs grosser Postill.

Auch ist kürtzlich Gerec Tersteegens erbauliche Lotterie der Frommen, gedruckt worden, welche aus ausserlesenen Loß Zetteln bestehet, und zum Ziehen eingerichtet ist. Es ist auf doppelt dick Papier gedruckt, und in Bögen zu haben das Stück vor 2 Schilling; aber in ein Futteral eingesteckt vor 4 Schilling 6 Pens.

Eine Deutsch und Englische Gramatica vor deutsche welche englisch lernen wollen.

Ein vortrefflich Englisch Buch, genant welche Schätze des Evangeliums entdeckt, oder der Vorhang vom Allerheiligsten abgethan. In Quarto.

Ein Buch vom Zustand der Seelen nach dem Tod.

Der kleine Kempis.

Eine warhaffte Erzehlung von etlichen Leuten die durch Schiffbruch unter die Floridaer Indianer oder Menschen-Fresser gerathen sind, und wie sie wieder sind erlößt worden: nebst einem Anhang von der Begebenheit die sich mit Willem Flemming und seiner Frau zu getragen hat, welcher zu Canegetschick unter die Indianer gerathen ist.

Das Leben und Heroische Thaten des Königs von Preussen, Friederichs des III, von seiner Geburt an biß zu Ende des 1760sten Jahrs; darinnen ferner enthalten sind, die merckwürdigsten Begebenheiten in dem vorigen und jetzigen Krieg, so weit Er mit hinein verwickelt gewesen ist.

Nebst noch vielerley andern kleinen Büchlein, deren eben keine große Quantität vorhanden sind und der halben eben hier nicht Specificirt worden.

Auch ist recht guter Kühn-Ruß daselbst zu haben.

Auch sind beym Drucker Englische Schul-Bücher, als Bibeln, Testamenter, Psalter, Buchstabier-Bücher ꝛc. zu haben. Wie auch verschiedene Sorten Schreib-und ander Papier, Dinte und Dinten-Pulver, Siegelwax, Oblaten und etliche andere zur Schreiberey nöthige Dinge.

Gleichfals noch viele deren unter den gemeinen Leuten bekantesten frische Artzeney-Mittel vor Menschen und Vieh: alles vor billigen Preiß.

225   Gedan-

Gedanken über die Proceß-führer.

EIn gewisser Doctor in Neyland hatte die Weise, daß wann er närrische Leute zu curieren kriegte, so führete er sie zum öfftern in ein Wasser biß an den Hals. Einsmals trug sichs zu, daß ein solcher Patient welcher schon ziemlich genesen war, an der Haußthüre stund, und sahe einen Herren vorbey reiten, der hatte einen Falcken in der Hand und zehen oder zwölff Jagt-hunde hinter sich her lauffen; der gewesene närrische Mensch war begierig zu wissen, was dieser Aufzug bedeutete. Derhalben fassete er das Hertz, und fragte den Herren darum; welcher ihm antwortete: Um Vögel zu fangen. Der närrische Mensch fragte ihn und sprach: Wie viel mögen wohl die Vögel werth seyn, die ihr das Jahr durch auf solche Weise bekomt? Etwan zehen oder zwölff Thaler, antwortete der Herr. Und wie viel möchten wohl eure Falcken, Pferde, und Hunde jährlich anzuschaffen und erhalten kosten, fragte der närrische Mensch? Der Herr sagte: Etwan fünff biß sechs hundert Thaler. O! sagte der närrische Mensch, so verliert ihr ja euer Vermögen durch eure Pferde, Jagt-hunde und Falcken. Ich rathe euch, daß ihr euch gleich fortpacket: dann wann mein Meister heim käme, so würde er euch nicht nur biß an den Hals ins Wasser stecken, sondern gar biß über Kopff und Ohren. (weil der närrische Mensch schlosse, daß dieser närrischer wäre als alle andere Narrё.)

Es möchte wohl gefragt werden, ob zu dieser Zeit nicht das Betragen vieler vor klug angesehener Leute eben so solte können angesehen werden, wie der Zustand dieses Herren, sonderlich aber derer, die so gern zur Law schreiten, und sich und andern um geringer Ursachen halben grosse Kosten machen; die Layer aber machen es nicht wie dieser Doctor, daß sie die Leute nur ins Wasser führen, sondern sie führen sie lieber in den Dreck und lassen sie hernach stecken: Wann sie ihnen nach der jetzigen Art Närrische Leute zu curieren, erst das Blut wohl abgezapfft haben, hernach lassen sie es denen Nachbaren über, ihnen wieder aus dem Dreck zu helffen; und wann die Leute aufs erste mal nicht verständig werden, und kommen wieder zu ihnen, so wiederholen sie ihre Cur auf die vorige Weise, biß sie entweder alles Blut abgezapfft haben, oder die Leute verständig worden sind.

Christi Nachfolger Gerichtet sind alle Tage, Luc. 6. v 29. 35. Rom. 12. v. 19. 20. 1 Cor. 11. v. 31. ꝛc.

Courten, oder Gerichts-Tage.

Suprem Courten in Pennsylvanien werden gehalten.

Zu Philadelphia, den 10 April, und den 24 September.

Courten von Quarter Sessions in Pennsylvanien.

Zu Philadelphia, den Ersten Montag im Mertz, Junius, September, Decem. Zu Neu-Taun in Bucks County, den folgenden 11 Tag in jedem der vorgedachten Monathe. Zu Chester, den letzten Dinstag im May, August, November, und Februar. In Lancaster County den ersten Dinstag im Februari, May, August, und November. Zu Reding in Bercks County, den Dinstag nach der Curt zu Lancester, in jeden Monat May, August, November, und Februari. Zu Eston in Northampton County den Dinstag nach der Curt in Bucks County, im Mertz, Juni, Sep. und December. Zu York über der Sasquehanna am letzten Dinstag im April, Juli, October und Januuari. Zu Cumberland County, jeglichen Dinstag vor den Curten zu Yorcktaun.

Courten von Common-Pleas, werden gehalten.

Zu Philadelphia, den ersten mittwoch nach der Court von Quarter-Session im Mertz, Junius, September, und Decem. Zu Neu-Taun den folgenden 9 in jedem der vorgedachten Monathe. Zu Chester den letzten dinstag im May, August, November, und Februar.

Zu Lancester, Den ersten Dinstag in jedem obgemelden Monaten.

Zu Sussex, den Ersten
Kent, den andern } Dinstag im Februari, May, August, und November.
Neu-Castel, d. dritten

Mayors Courten oder Courten von Quarter-Sessions vor die Stadt Philadelphia.
Den ersten Dinstag im Januar, April, Julius und den letzten Dinstag im October.

Orphans-Curt vor die Stadt und County Philadelphia
Soll zu Philadelphia gehalten werden, am ersten Samstag nach den Curten von Quarter-Session, im Mertz, Juni, September und December.   Sup

Suprem Courten in Neu-York/ werden gehalten.

In der Stadt Neu-Yorck/ den zten dinstag im April, den letzten dinstag im Juli. den zten dinstag im October, und Januar. Zu West-Chester/ den 4ten dinst. im September. Zu Richmond, den zten dinstag im April. Zu Orange den 1sten dinstag im Juni. Zu Suffolk County/ den zten dinstag im Septem. Zu Ulster/ den donnerstag nach dem zten dinstag im Juni. Zu Dutsches den zten dinstag im Juni. Zu Kings County den zten und zu Quins County den 1sten dinstag im September. Zu Albani/ den 4 Dinstag im Juni.

Courten von Quarter-Sessions werden gehalten.

In der Stadt Neu-York den ersten dinstag im May, August, Novemb. u. Februar. Zu Albany/ den ersten dinstag im Junius, October, u. dritten dinstag im Januar. Zu West-Chester den vierten dinstag im May u. Octob. In Ulster County den ersten dinstag im May u. den z dinstag im Sept. In Richmond County/ den dritten dinstag im März, und den vierten dinstag im Septem. In Kings County/ den dritten dinstag im April und October. in Quins County/ den dritten dinstag im May und Septemb. In Suffolk County / den letzten dinstag im März, und den ersten dinstag im Octob. In Orange County/ den letzten dinstag im April und Octob. In Dutsches County den dritten dinstag im May, und October.

Circuit-Curten sind verordnet gehalten zu werden

In Ritschmond County am Dinstag den 9 May.
Auf dem Curthauß zu Oransch-Taun vor Oransch-County Dinstags den 6 Juni.
Auf dem Curthauß zu Pokiepsig vor Dutsches Conny Dinstags den 13 Juni.
Auf dem Curthauß in Kingston vor Ulster County Dinstags den 20 Juni.
Auf dem Curthauß in Albane vor die County und Stadt Albane den 27 Juny.

In Connecticut Colony.

Werden jährlich 2 General Courten gehalten, nehmlich eine zu Hardford/ den zweyten dinstag im May, die andere zu Neu-Haven/ den zweyten donnerstag im Octob.
Superior Courten werden gehalten. Zu Fairfield/ den ersten dinstag im März und Septem. Zu Neu-Haven/ den zweiten dinstag im März und Septem. Zu Harsort den z ten dinstag im März und Septem. Zu Neu-London/ den vierten dinst. im März und September.
County Courten werden gehalten.
Zu Hardford/ den zweiten dinstag im April, und dritten dinstag im Novemb. Zu Neu-Haven/ den ersten dinst. im April, und zweyten dinst. im Novemb. Zu Neu-London/ den ersten dinst. im Junius, u. vierten dinst. Novemb. im Zu Fairfield/ den dritten dinst. im April, u. den ersten im Nov.

Suprem Courten in Neu-Jersey werden gehalten.

Zu Burlington/ den zten dinstag im May, und den 1ten dinstag im November.
Zu Perth Amboy/ den zten dinst. im März, und den zten dinst. im August.
Courten von Treyal werden gehalten.
Vor Salem und Cape May County/ den zten dinst. im April. Vor Glaucester County / den zten dinst. im April. Vor Bergin County / den 4 dinstag im October. Vor Esser County / den folgenden dinstag nach dem zten dinstag im October. Vor Monmauth County/ den zten dinstag nach dem zten dinstag im October. Sommerset County/ den zten dinstag im October. Vor Hunterdon County/ den 1sten dinstag im May.

Courten von Quarter-Sessions werden gehalten.

In Bergin County/ den 1ten dinst. im Januari, den zten dinst. im Juni, und den 1ten dinstag im October. In Esser/ den zten dinstag im Januari und May, den zten dinstag im Juni, und den zten im September. In Middelser, den zten dinstag im Juli, Januari, und April, und den zten dinstag im October. In Sommerset, den 1sten dinstag im October, Januari und April, und den zten dinstag Juni. In Monmauth den 4ten dinstag im Juli, January und April,
und

und den 3ten dinstag im October.   Vor Hunterdon County/ den 1sten dinstag im August, und Februari, den 3ten dinstag im May und den 4ten im October. Vor Burlington County/ von 1sten dinst im May, und November, und den 2ten dinstag im August und Februari. In Glaucester, den 2ten dinstag im Juni, den 3ten dinstag im September, und den 4ten dinstag im December und Märtz. Vor Salem County/ den 1sten dinst. im Junius, den 4ten dinstag im November und den 3ten dinstag im Februari und August. Vor Cape May County/ den 3ten dinst. im May, den 1sten dinst im August, und Februari und den 4ten dinstag im October.
Vor Boroughton bey Trenton/ den 1 Dinstag im Mertz, Juni, September, und December.
          Circut Curten werden an folgenden Tagen und Orten gehalten.
    Vor die County von Hunterdon den dritten Dinstag in May zu Trentaun.   Vor die Caunty von Cumberland den letzten Dinstag im May zu Cohansi-Bridy. Vor die Caunty von Salem den ersten Dinstag im Juny in der Stadt Salem.   Vor die Caunty von Glauckstor den zweyten Dinstag im Juny zu Glauckstor.

Provincial Courten in Maryland.

Werden jährlich 2 gehalten zu Annapolis/ den 2 dinst. im April und den 2 dinst. im Sept.
    Courten von Assize in Maryland/ werden 2 mahl im Jahr gehalten wie folget:
An der West-Seite.

    Indem Court-Hause der County Baltemore/ den 1sten dinst. im April, und September zu Anna polis. Vor Anne-Arundel County/ am freytag nach dem gedachten ersten dinstag. In dem Court Hause von Calvert County, an den freytagen nach den zweyten dinstagen der gedachten Monate. In dem Court-Hause von St. Marys County, an den mittwochen nach den dritten dinstagen der gedachten Monate. In dem Court-Hause von Charls County/ an den montagen nach den dritten dinstagen der gedachten Monate. Und in dem Court-Hause von Printz Georges County/ an den drauffolgenden Montagen.
    In dem Court-Hause von Sommerset/ den ersten dinstag im April und Septemb.   In dem Court-Hause von Dorchester County/ den 1sten montag drauf. In Talbot County/ an den donnerstag nach den zweyten dinstagen. In dem Court-Hause von Quin Annes County/ an den mittwochen nach den dritten dinstagen. In dem Court-Hause von Kent County/ an den montagen nach den dritten dinstagen in denselben Monaten. Vor Cecil County, den Freytag darauf. Mayors Courten vor die Stadt Anapolis/ werden gehalten 4 mahl im Jahr nemlich am letzten dinstage im Januar, April, Juli u. Octo. Zu Worchester County, an den Donnerstagen vor d. 1sten Dinstagen im April, u. Sept.
    County Courts, werden gehalten. Zu Talbot/ Baltimore/ Worcester/ und St. Mary's, den ersten Dinstag im Mertz, Juni, August und November. Zu Dorchester/ Cäcil/ Ann-Arundel/ und Charles Countys, den zweyten Dinstag im selbigen Monat; Zu Kent/ Calvert/ Frederick/ und Somerset/ den dritten Dinstag im selbigen Monat; Zu Quin Ann's und Printz Georg's/ den vierten Dinstag im selbigen Monat.

Jahr-Märkte oder Fären werden gehalten.

    Zu Narontaun den 29 April und den 21 October. Zu Cohansie den 5 May und den 27 October Zu Wilmington den 9 May und den 4 November. Zu Salem den 12 May und den 31. October. Zu Neu-Castle den 14 May und den 14 November. Zu Chester den 16 May und den 16 October. Zu Bristol den 19 May und den 9 November. Zu Burlington den 21 May und den 12 Novemb. Zu Philadelphia den 27 May und den 27 Novemb. Zu Lancester den 12 Juni und den 5 Novemb. Zu Marcus Huck den 10 October. Zu Anapolis den 12 May und den 16 October. Zu Carlston den 2 May und den 29 October. Zu Providence den 13 May. Zu Germanton den 1 Juli und den 1 November. Zu Neu-York den 3 May und 16 November. Zu Trenton den 27 April. Zu Jamaica den 17 May und 27 October. Fären zu Ambon, vor Hunterton de 2 dinst. im May; zu Trentaun vor Cumberund den 4 dinst. im May. zu Cohansi vor Salem den 1 dinst. im Juni, zu Salem vor Claberden 2 dinst. im Juni.

William Penns Unterweisung an sein Weib und Kinder, als er nach Pennsylvanien gegangen, um diese Provintz anzulegen.

Mein geliebtes Weib und Kinder!

Eine Liebe gegen euch, welche weder durch Wasser noch Land ja gar durch den Tod selbst nicht kan ausgelöscht oder vermindert werden, wird euch zärtlich besuchen und ewig bey euch verbleiben, und der GOtt meines Lebens wolle euch bewahren, segnen und seine Güte beweisen in dieser und der zukünfftigen Welt. Es liegt mir etwas auf dem Hertzen, welches ich euer Ueberlegung hinterlassen will, der ich der Einen Mann und der übrigen Vatter bin; weil es seyn könte, daß ich euch in diesem Leben nicht mehr zu sehen bekäme.

Mein geliebtes Weib! Bedencke daß du die geliebte meiner Jugend und grossentheils die Freude meines Lebens warest, dann du bist es auch werth, die Ursache daß ich dich so hertzlich liebe, ist mehr deine innerliche als äusserliche Vortrefflichkeiten, welche letztere zwar auch nicht geringt sind. Nun soll ich dich verlassen, ohne zu wissen, ob ich dich jemahls in dieser Welt wieder sehen werde; derhalben lasse diese Unterweisung in deinem Hertzen bewahret bleiben in der Zeit meiner Abwesenheit, so lange du lebest.

Erstlich und vor allen Dingen lasse die Furcht des HErrn und einen Ernst und Liebe zu seiner Herrlichkeit reichlich in deinem Hertzen wohnen; so wirst du täglich zum guten über dich selbst, über deine Kinder und Gesinde wachen, daß nichts böses in deinem Hause ausgeübt werde, sonst wird GOtt entrüstet werden, und wird ihn gereuen das gute zu erweisen, welches er Dir und den Deinigen zu erweisen gedachte.

Zweytens halte dich fleissig zu den Versammlungen, ermuntere dich selbst und andere zu dieser Pflicht: Dieses sind deine Tage und deine Pflicht, stelle auch täglich Versammlungen in deinem Hause an, auf den HErrn zu warten, welcher uns so viel Zeit vor uns gegeben hat. Und o meine Liebe! damit du dein Haußgeschäffte erleichtern mögest, so theile dir deine Zeit ein, und sey hierinnen ordentlich auf nachfolgende Weise: Des

Morgens bestelle alle deine Geschäffte, daß sie ordentlich nach deinem Willen und Vorschrifft geschehen; und des Abends lasse die Rechnung thun, von allen Geschäfften, welche verrichtet worden; halte dir zu allem so viel möglich eine gewisse Zeit zu deiner Andacht, zur Arbeit und zum Essen; und beschwer dich nicht mit unachtsamen Dienst-boten; dann sie werden dein Gemüth in Unordnung bringen. Gib ihnen ihren Lohn, und schicke sie weg, wann sie sich nicht bessern wollen: Auf solche Weise kan man viele Worte ersparen, welche doch sonst nur die Seele verletzen und GOtt betrüben.

Drittens, überrechne deine tägliche Einkünffte: und auf diese Weise hast du es in deiner Macht deine Ausgaben so einzuschräncken, daß du nicht zurück haussest. Ich bitte dich, führe eine geringe und spahrsame Lebensart biß meine Schulden bezahlt sind, und dann kanst du deine Ausgaben vergrössern, nachdem es die Umstände erfordern. Gedencke an deiner Mutter Exempel, als dein Vatter sein Vermögen geschwächt hatte, welches auch nun meine Umstände sind. Ich weiß, daß du die Einfältigkeit liebest, und ein Feind alles weltlichen Prachts bist, welches dein natürlicher Adel ist. Ich schreibe nicht im Mistrauen gegen dich, sondern nur dich mehr aufzumuntern; eifferiger zu werden in diesen Stücken; dann ich weiß, daß GOtt deinen Fleiß segnen wird samt deinen armen Kindern. Mein Gemüth fasset sich in einem deiner Redens-arten, nehmlich: Ich begehre keinen Reichthum, sondern nur daß ich ohne Schulden leben könte. Und dieses ist gewiß eine Glückseligkeit, und mehr als genug; dann köstlich Leben ist nur eine Falle, und wird mit vielen Sorgen begleitet. Es ist nicht nöthig dir zu sagen, daß du niedrig seyn solst, dann du bist es schon; auch nicht sanfft und demüthig, dann so ist natürlicher Weise deine Eigenschafft; aber ich bitte dich, sammle dich offt in der Stille zu GOtt, da wirst du meinen Geist spühren, und hüte dich vor vielen aufdringenden Freundschafft-

ten,

ten, und halte von dir ab; dann hierdurch verliert man seine Krafft und sich selbst in eines andern Macht, und was einem anfänglich vergnüglich scheinet, wird endlich zu einer unerträglichen Last: Daher begebe dich unter keine fremde Macht, und lasse deine Kinder und die Versammlung deine Belustigung und deine Gesellschafft seyn.

Viertens. Nun mein werthes und geliebtes Weib! Ich befehle dir meine werthe Kinder an unter deine Sorgfalt; sie sind ein Segen des HErrn, und uns zu Pfändern gegeben: Vor allen Dingen thue Fleiß, sie in der Liebe zur Warheit aufzuziehen, und in dem heiligen einfältigen Weg worinnen wir wandeln, damit die Gleichförmigkeit der Welt und kein Theil davon in meiner Familie eingeführet werden möge; und es ist mir lieber, daß sie bürgerlich als herrisch aufgezogen werden, nehmlich im äußeren Leben; doch ist Sittigkeit mit Nüchternheit nicht zu verachten, und die Gottesfurcht im Herzen wircket Lindigkeit und Bescheidenheit im Umgang mit andern.

Nach diesem halte sie an, daß sie einander lieb haben; und zu dem Ende sage ihnen, daß ich diesen Befehl an sie zurück gelassen habe, und daß wo sie solches thäten, so würde es ihnen die Gewogenheit und den Segen GOttes zuziehen; sag ihnen auch, daß deßen Theil seyn wird, der seinen Bruder haßet, oder ihn einen Narren schilt: Thue sie zuweilen eine Zeitlang von einander, doch nicht zu lang, und ermahne sie, daß sie einander kleine Geschencke zuschicken, um ihre Liebe zu permehren gegen einander. Ich sage nochmahls, sage ihnen, daß es mein Rath wäre, daß sie sich zärtlich lieben sollen, und unter einander liebreich sich behandeln. Zu ihrer Lehre spahre keine Kosten; dann was da erspahrt wird, ist verlohren: Aber siehe zu, daß du sie nützliche Dinge lernen laßest, daß es mit der Wahrheit und Gottesfurcht besehen möge; nicht solche Gelehrsamkeit, die sie nur aufgeblasen und eindbildisch macht, sondern Geschicklichkeit mit Fleiß vermenget, ist dem Gemüthe nützlich und dem Leib gesund; laße sie die nützliche Theile der Mathematic lernen, als da ist: Häuser und Schiffe bauen, die Meßkunst, die Sonn-Uhren Rechnung die Schiffahrt 2c. aber insonderheit und vor allen Dingen laße sie den Ackerbau lernen, daß meine Kinder Haushälter werden mögen. Dieses ist gesund, ehrlich, und gibt ein gut Exempel, wie Abraham und die heilige Bätter, welche GOtt gefallen, und ein gut Gerücht hinterlaßen haben. Bey diesem Geschäffte

kan man die Wercke GOttes und die Natur der unschuldigen Dinge am allerbesten betrachten; bis belustiget sie auf eine solche Weise, daß sie abgezogen werden von den lustigen Ergötzungen der eitela Welt. Es ist rühmlich bey den deutschen großen Herren, daß sie ihre Kinder Handwercker lernen laßen. Schaffe die lieber einen künstlichen Menschen in dein Hauß sie zu unterrichten, als daß du sie in die Schule schickest; es sey dann, daß sie sich sehr männlich zu betragen wißen, woran ich jedoch sehr zweifele. Vor allen Dingen sehe darauf in ihrer Auferziehung, daß die natürliche kindliche Unschuld in ihnen erhalten werde, welche gemeiniglich in den gemeinen Schulen sehr verlohren gehet; dann in solchen Orten lernen die Kinder gemeiniglich das erste Böse durch die viele böse Gesellschaften. Gib fleißig Achtung auf ihre Fähigkeiten, damit selbige nicht übertrieben werden durchs lernen. Halte sie nicht zu lang an einerley Beschäftigungen, sondern mache ihnen unschuldige und anmuthige Veränderungen, welche jedoch jederzeit mit leiblicher Arbeit soll vergeselset seyn. Wann sie groß gewachsen sind, so sey am allersorgfältigsten vor sie; dann zu solcher Zeit werden ihnen die meiste Fallen gestelt. Wann sie sich verheurathen wollen, so sehe zu, daß sie solche Ehegatten kriegen die tugendhafft sind, und ein gut Zeugniß haben daß sie verständig u. gottesfürchtig seyen. Ich achte den Reichthum nicht, sondern die Nothdurfft; laß ihre Liebe hertzlich und brünstig seyn auf beyden Seiten: Dann dieses gehöret zu ihrer Glückseligkeit. Ich will nicht, daß sie sich in irrdisch gesinnte geizige Familien verheurathen sollen; auch nicht zu solche, welche aus großen Städten oder zu vielen Gesellschaften gewöhnt sind; dann diese Dinge kleben gar sehr an denen, die dazu gewöhnt sind. Das Landleben wäre mir am liebsten vor meine Kinder, samt einem mäßigen Vermögen. Hundert Pfund des Jahrs auf dem Lande wäre mir lieber als tausend Pfund in London; oder sonst einer solchen Stadt durch die Handelschafft. Letzlich, meine geliebte! Thue Fleiß sie in der Furcht des HErrn zu erziehen, damit sein Licht, Wahrheit und Gnade in ihren Hertzen wachse, wie sie an Jahren zunehmen, dann es spricht ein alter Weiser Mann: Wie man einen Knaben gewöhnet, so läßt er nicht davon, wann er alt wird. Sprüchw. Sal 22, 6. Nach diesem lehre sie gehorsam gegen ihre Mutter seyn, und das nicht aus Furcht der Straffe, sondern

sondern um des Gewissens willen: Gegen die Armen freygebig seyn, mittleidig gegen die Nothleidende, und gebogen und demüthig gegen jederman: Mein GOtt und dein GOtt segne dich, und gebe dir Trost an unsern Kindern. In einem völligen Alter wolte er dich sammlen zu der Freude und dem Erbe der Gerechten, woselbst uns dann fernerhin kein Tod mehr wird scheiden können ewiglich.

Und Ihr, meine werthe Kinder! Höret meinen Rath an, und verwahret ihn in eurem Hertzen; haltet ihn werther als Schätze und gehorchet ihm, wann ihr das thut, so werdet ihr gesegnet seyn in dieser Zeit und glückselig in der Ewigkeit.

Erstlich ermahne ich euch, gedencket an euren Schöpffer in eurer Jugend, welcher die Herrlichkeit Israels ist. Gedencket wie der HErr den Josias gesegnet hat, weil er den HErrn fürchtete in seiner Jugend; desgleichen thät er dem Jacob, Joseph und Moses; O! meine zärtlich geliebte Kinder! Gedencket an Den, fürchtet und dienet dem der euch erschaffen und euch mit und eurer Mutter gegeben hat, daß ihr ihm leben möget in euren jungen Jahren, so suchet den HErrn, ob ihr ihn finden möget: Gedencket an seine Liebe, indem er euch erschaffen hat, daß ihr nicht Thiere, Kräuter oder Steine geworden seyd, und hat euch Gnade von innen und Unterhalt von aussen gegeben, und euch reichlich versorget. Dieses bedencket in eurer Jugend, damit ihr könnet errettet werden von der Argheit dieser Welt; dann im Alter wird es schwerer fallen die Versuchungen derselben zu überwinden: Darum fliehet von allem Schein des bösen, und haltet euch an das in euren Hertzen, welches euch böses vom guten zu unterscheiden lehrt, und euch sagt, wann ihr etwas verkehrtes thut, und euch darum der bestrafft. Es ist das Licht Christi, welches euch zu eurer Errettung gibt. Wann ihr dieses thun wolt und meinem Rath folgen, so wird euch GOtt segnen in dieser Welt, und ein Erbtheil geben in der Welt, welche niemals aufhöret; dann das Licht Christi ist von einer reinigenden Art: Es bereitet die zu, welche darauf Acht haben und es lieben, und verläßt solche niemals, biß es sie zu der Stadt gebracht hat, die einen Grund hat. O! daß ihr möchtet von demselbigen durchdrungen werden! Bewahrt es in euren Hertzen, und fliehet die Lüste der Jugend. O meine Kinder! verabscheuet allen eitlen Zeitvertreib, Schertz und Narrentheidung der Welt, und kauffet die Zeit aus, weil die Zeit böse ist. Ihr habt nun erst angefangen zu leben; was solten wohl viele geben um eure Zeit? O! Ich könte mein Leben besser zugebracht haben, wann ich an eurer Stelle wäre in der Blüthe meines Alters; derhalben liebet und fürchtet den HErrn, haltet euch fleissig zu den Versammlungen, und suchet euer Vergnügen darinnen daß ihr auf den HErrn harret, den GOtt eures Vatters und eurer Mutter unter seinem verachteten Volck, wie wir gethan haben, und haltet es vor eure Ehre, daß ihr Glieder seyd dieser gesegneten Gemeinschafft, und Erben des lebendigen Genusses, welchen sie unter sich haben, um welcher willen euer Vatter den Nahmen des HErrn ewig lobet. Nächst diesem seyd eurer lieben Mutter unterthänig, welche ein Weib ist, deren Tugend und gutes Lob euch eine Ehre ist; dann es hat sie zu ihrer Zeit niemand übertroffen an Einfältigkeit, Aufrichtigkeit, Fleiß, Lindigkeit, Tugend und Verstand, welches Tugenden sind die nicht leichtlich bey Weibern ihres Standes gefunden werden; daher liebet sie und gehorchet ihr, meine werthe Kinder! Dann sie hat euren Vatter geliebet mit einer aufrichtigen Liebe, und ob sie wohl eines weiblichen Geistes ist, so hat sie sich nicht weichlich betragen in der Sorgfalt vor Euch, sondern sie hat die allerbeschwerlichsten und schmertzhafftesten Bedienungen an euch verrichtet in eurer Auferziehung; sie hat beydes Mutter- und Pfleg-Ammen Pflicht verwaltet. Ich gebiete euch vor dem HErrn, daß ihr eure geliebte Mutter liebet, ehret, erfreuet, und ihr gehorsam seyd. Nochmals begebt euch zu einer ehrlichen und fleissigen Lebens-Art, nicht aus Geitz, sondern zum Exempel, und den Müßiggang zu vermeiden: Und wann ihr euren Stand verändern wolt und euch verheurathen, so thut es mit wissen und Rath eurer Mutter, wann sie noch lebt, oder eurer Vorgesetzten.

Achtet weder Reichthum noch Schönheit, sondern Gottesfurcht und ein liebvolles holdseliges Wesen, damit ihr solche wieder über alle weltliche Dinge lieben könnet: Und das wird euer Leben vergnüglich machen, wann sie euch lieben können. Und wann ihr verheurathet seyd, so suchet euer Leben friedlich, lieblich und in Gottesfurcht zu führen, so wird er euch samt euren Kindern segnen. Sehet zu, daß ihr in Schrancken bleibt, und niemand schuldig werdet; verbürget euch auch nicht vor andere; schenckt Einem lieber die Hälfte, te, als daß ihr euch ruinirt durch Freundschafft gegen andere; dann dieses geht über die Schrancken der wahren Freundschafft hinaus; und kein wahrer Freund wird solches begehren. In Kleinigkeiten will ich euch nichts vorschreiben. Laßt eure Begierden sich nicht weiter ausstrecken als zu eurer und eurer Kinder Unterhalt nöthig ist, und das in der Mäßigkeit. Habt ihr Uberfluß, so vergeßt der Dürfftigen nicht. Laßt den HErrn ein gebührliches Theil eurer Einkünfften haben, und gedencket daran, daß wer dem Dürfftigen giebt, der leihet dem HErrn.

Uberrechnet eure Einkünffte genau, damit ihr eure Ausgaben darnach einrichten möget; beget keine Geld- oder Welt-liebe in eurem Hertzen, sondern gebraucht sie nur, so werden sie euch dienen; werdet ihr sie aber lieben, so müsset ihr ihnen dienen, und solches wird euren Geist beflecken und den HErrn erzürnen. Nehmt euch der dürfftigen Nothdurfft an; habt eine offene Hand gegen sie; dann ihr wisset nicht, ob ihr nicht noch in gleiche Umstände gerathen möget. Und wie ihr andern thut, so wird auch GOtt euch wieder thun: Seyd demüthig und gelinde in eurem Umgang mit wenig Worten in Gedult. Höret allezeit erst die Sache an, ehe ihr antwortet; beschimpffet niemand, und rächet euch nicht, wann ihr beschimpffet werdet, sondern vergebet, so wird euch auch vergeben, u. euer Himlischer Vater wird euchs vergelten. In Erwahlung eines Freundes seyd bedachtsam; wann ihr aber euch einen erwählet habt, so seyd ihm getreu, und laßt euch nicht abwendig machen durch üble Verläumdungen, oder ihn zu verlassen, wann er in Noth steckt; dann das geziemet sich nicht vor tugendhaffte Leute. Wachet gegen den Zorn, und redet noch thut nichts in demselbigen; dann er ist wie die Trunckenheit, macht aus Menschen Thiere, und bringt die Leute in verzweiffelte Umstände; fliehet die Schmeicheler, dann sie sind verstelte Diebe. Ihr Lob wird theuer, dann sie erwarten grosse Gaben vor schöne Lobreden; sie sind die üdelste Creaturen, dann sie lügen, damit sie flattiren, damit sie betriegen mögen: Wann ihr ihnen glaubt, so betrüget ihr euch selbst erbärmlich. Aber die tugendhafften ob sie schon arm sind, liebet, erquicket und ziehet sie andern vor; gedencket an David, welcher den HErrn fragte: HErr! Wer wird wohnen rc. siehe den gantzen 15. Psalm.

Weiter, liebe Kinder! Seyd mäßig in allen Dingen, in Essen und Trincken; dann das ist eine Artzeney Kranckheiten zu verhüten, es erhält, ja es macht die Leute gesund; ohne den geistlichen Vortheil welchen es zuwege bringt. Seyd auch einfältig in eurer Kleider-tracht, enthaltet euch der prächtigen Kleider-Lust, welche zu sehr im Schwang gehet, laßt eure Tugenden euer Schmuck seyn, bedencket daß das Leben mehr ist als die Speise und der Leib mehr als die Kleidung. Euren Haußrath lasset einfältig und wolfeil seyn. Meydet Hoffart, Geiz und Schwelgerey; gesellet euch zu den Verständigsten und Gottseligsten, und fliehet von den Gottlosen, so könt ihr Hoffnung haben zu dem Trost und Gedäit eures lebenden und sterbenden Vatters. Hütet euch, daß ihr von niemand übel redet, auch nicht von den geringsten, viel weniger von euren Vorgesetzten, als da sind obrigkeitliche Personen, Verpfleger, Hoffmeister, Lehrmeister und Vorsteher in Christo; menget euch nicht in anderer Leute Händel, es sey dann daß es eure Pflicht oder Gewissen erfordert; dann es verursacht Unruhe, und ist eine übele Gewohnheit, und schickt sich gar nicht vor verständige Leute. In eurem Haußwesen gedencket an Abraham, Moses und Josua, wie aufrichtig sie gegen GOtt gewesen sind, und richtet euch nach ihrem Vorbilde. Laßet die Gottesfurcht und Dienst befördert werden in euren Häusern, und bewahret die Einfalt, Nüchtern- und Mäßigkeit, die GOttes Volck geziemet. Und wie ich euch, meine geliebte Kinder! ermahne, so ermahnet auch die eurige, wann euch GOtt etliche bescheert; ermahnet sie als meine Nachkommen, daß sie dem HErrn dienen, und Ihn lieben mit aufrichtigem Hertzen, daß er euch und die Eurige segnen möchte von Geschlecht zu Geschlecht.

Und Ihr, die ihr dem Ansehen nach in die Regierung kommen werdet von der Provintz Pennsylvanien und meinen Theil von Ost-Järsey, sonderlich das erstere: Ich gebiete euch vor dem HErrn, daß ihr demüthig, fleißig und zart seyd, GOtt fürchtet und das Volck liebet, und den Geiz haffet; laffet die Gerechtigkeit unpartheyisch im Schwang gehen und das Gesetz sein Recht haben ob es schon zu eurem Nachtheil gereichen möchte; beschützet niemand gegen das Gesetz, sondern das Gesetz ist über euch; beweiset durch euren guten Wandel wie die Leute leben sollen, und alsdann habt ihr Recht und Freymüthigkeit die Uebertretter zu straffen; bleibet im Glaitz, dann GOtt siehet euch; derhalben erweist eure Pflicht, befleissiget euch mit eigenen Augen zu sehen

sehen und mit eigenen Ohren zu hören ; haltet euch keine Laurer, dinget keine Anbringer um Gewinn oder aus Feindschafft, bedienet euch keiner Practicken, gebrauchet keine List das Recht zu verkehren, sondern lasset eure Hertzen aufrichtig vor dem HErrn seyn, und nehmet eure Zuflucht zu ihm gegen die Arglistigkeit der Menschen, so wird niemand vermögen euch zu hintergehen. O! der HErr ist ein starcker GOtt, er kan thun was er will, und obschon die Menschen es nicht bedencken, so ist es doch der HErr, der alles regieret in den Königreichen der Menschen; er bauet auf und reisset nieder: Ich, euer Vatter, bin der Mann der da sagen kan: Wer sich auf den HErrn verläßt, der soll nicht zu Schanden werden; sondern GOtt wird zu seiner Zeit seine Feinde mit ihm zufrieden machen.

Wann ihr euch also verhalten werdet, und auf solche Weise ein Schrecken der Uebelthäter werdet, und ein Lob unter denen die gutes thun; so wird mein GOtt mit euch seyn, mit Weißheit in einer gesunden Vernunfft, und wird euch zu gesegneten Werckzeugen in seiner Hand machen zur Anpflantzung einiger dieser wilden Theilen der Welt, welches mir mehr Vergnügen gibt als alle weltliche Ehren und Reichthümmer, beydes vor euch die ihr gehet, als die ihr hie bleibet, die ihr regieret und die ihr regieret werdet, damit ihr zuletzt mit mir möget seyn im HErrn.

Letztlich meine lieben Kinder! Liebt euch unter einander mit einer hertzlichen Liebe, und eure Verwandten von beyden Seiten, und thut Fleiß auch in euren Kindern eine hertzliche Freundschafft gegen einander zu erhalten ; heurathet öffters in die Freundschafft, (jedoch so, daß es nicht gegen das göttliche Verbott sey,) damit eine Zusammen-Verbindung im Geschlecht verbleibe, und ihr nicht weltfremd an einander werdet, sondern wie sichs ziemet einem Christlichen Stamm, und auch die Eurige nach euch in hertzlicher Liebe gegen GOtt und unter einander leben, wie es Brüdern so wohl in der geistlichen-als natürlichen Verwandtschafft ziemet.

So wird mein GOtt der mich überflüssig mit Gnade und Segen gesegnet hat, sowohl an dem natürlichen Theil als im geistlichen Leben mit euch allen seyn, und wird euch nach seinem Rath leiten, daß ihr in sein Reich der Freuden eingehet tönt, und am Firmament GOttes, scheinen mit den Geistern der Gerechten, und mit selbiger himlischen Familie GOtt und den Vatter derselbigen verherrlichen und preisen immer und ewiglich: Dann es ist kein anderer GOtt, der ihm gleich wäre, welcher ist der GOtt Abraham, Isaac und Jacob, der GOtt der Propheten und Apostel und der heiligen Märtyrer JEsu, in welchem mein ewiges Leben bestehet.

Nun fahrt wohl, fahrt wohl, mein dreyfach geliebtes hertzlich geliebtes Weib und Kinder, in der Liebe geliebet, welche kein Wasser auslöschen, keine Zeit in Vergeß bringen und keine Ferne abnutzen kan, sondern sie bleibet ewiglich.

Worminghurst den 4ten   William Penn. des 6ten Monds 1682.

Die Ungewißheit der Bekehrung auf dem Tod-bette, vorgestelt durch einen, welcher hier Penitens genannt wird, weil man seinen rechten Namen nicht hat bekant machen wollen.

Penitens war ein emsiger berühmter Handels-Mann, welcher in seiner Handelschafft sehr glücklich war; muste aber im fünff und dreyßigsten Jahr seines Alters sterben.

Kurtz vor seinem Abschied da ihm die Docter das Leben abgesprochen hatten, da kamen eines Abends etliche seiner Nachbaren zu ihm ihn zu besuchen, diese redete er folgender gestalt an :

Ich sehe, sprach er, meine Freunde! Daß ihr meinetwegen zärtlich bekümmert seyd, welches ich euch aus den Augen ablesen kan, und weiß eure Gedancken die ihr meinetwegen heget.

Ihr

Ihr denckt daran welch ein betrübter Zustand es sey, daß ein so junger Mann in solchen glücklichen Umständen so soll dem Tod übergeben werden, und wann ich einen von euch in solchen Umständen besucht hätte, so würde ich vielleicht eben solche gedancken von euch gehabt haben.

Aber meine Freunde! Nun sind meine Gedancken nicht mehr wie eure Gedancken, so wenig als mein Stand eurem gleich ist.

Ich habe nun keinen Kummer mehr deßwegen daß ich jung sterben muß, oder daß ich hinweg genommen werde, ehe ich ein grosses Vermögen erworben habe.

Diese Dinge sind nun so sehr im Nichts verschwunden, daß ich keinen Namen davor habe sie damit zu benennen. Dann wann ich in etlichen Tagen, oder vielleicht Stunden, diesen Leib verlassen muß um in die Erde verscharret zu werden, und mich hernach entweder ewig glückselig oder ewig von Gott und seinem Licht geschieden, und folglich höchst unglückselig finden werde, so habe ich keine worte, womit ich die nichtigkeit alles andern zu benennen weiß.

Ist wohl ein Traum wie der Traum des menschlichen Lebens, in welchem wir uns ergötzen an leeren nichtigen Dingen, und versäumen das was bleibend ist. Ist wohl eine Thorheit wie die Thorheit der meisten Männer und Weiber, welche sich zu klug und verständig halten, daß sie auf die zuruffende stimme Jesu Christi solten achtung geben: Dann wann auf diese achtung gegeben würde, so würde solche diese ernstliche Betrachtungen in ihnen von selbst hervor bringen; aber weil man diesen Göttlichen Lehrmeister nicht hören will, so findet der Feind des menschlichen Geschlechts der Teuffel einen Eingang und erfüllet unsere Gemüther mit bösen Neigungen und thörichten Meynungen; daher geschiehet es, daß wann wir den Tod ansehen als einen Verlust, so sehen wir nur auf den Verlust, daß er uns von dem Genuß der zeitlichen Dinge abschneidet; wir bedauren selten einen alten reichen Mann, sondern wir trauren über einen jungen welcher in seinem glücklichen Fortgang stirbt. Ihr selbst bedauert mich nicht deßwegen, weil ich unzubereitet hingehe allwo ich dem Richter über Lebendige und Todte antreffen werde; sondern darum, weil ich ein vortheilhafftiges Geschäffte in der Blüthe meiner Jugend verlassen soll.

Solcherley ist die Weißheit unseres männlichen Verstandes; und ist doch unverständiger als die Thorheit der dummesten Kinder.

Dann was ist elendes oder schröckliches an dem Tod, als das was darauf zu folgen hat. Dann wann ein Mensch gestorben ist, so geht ihn ferner nichts anders an, als der Zustand worinnen er sich befindet.

Unser armer Freund Lepidus starb wie ihr wisset, als er sich anzog zu einem Gastmahl zu gehen, denckt ihr wohl, daß es ihm nun eine Pein ist, daß er nicht erst das Gastmahl genossen hat. Gastmähle und Geschäffte, und Ergötzlichkeiten, und allerley Genuß scheinen uns grosse Dinge zu seyn so lange wir an nichts anders gedencken; so bald wir aber den Tod dazu bringen so verlieren sie sich alle im Nichts, und die Seele welche vom Leib geschieden ist, bedauret den Verlust der zeitlichen Geschäffte nicht mehr, als den Genuß eines Gastmahls.

Ist mein Zustand solcher art, daß ich zur göttlichen Freude eingehen kan, solte mich solches wohl betrüben, daß mir solch Glück widerfahren wäre, ehe ich vierzig Jahr alt war? wäre es wohl vor einen Schaden anzusehen, daß ich gestorben wäre, ehe ich noch etliche Accorte mehr gemacht habe, oder etwas länger in meiner Handelschafft gewesen bin.

Oder wann ich meinen theil bey denen Verdamten zu nehmen habe, solte mir solchs wohl ein vergnügen seyn, daß mir solches nicht widerfahren ist, biß ich alt und reich geworden bin.

Wann die guten Engel bestelt sind, daß sie meine Seele abholen solten, solte mirs wohl ein Verdruß seyn, wan sie mich unter einem schlechten Bett finden würden. Doch in einem schlechten Bett finden würden.

Und wann mich Gott in die Macht böser Geister übergäbe, daß sie mich in die Oerter der Quaal schleppen solten! könte mirs wohl ein Trost seyn, wann sie mich auf einem Staats-Bett antreffen?

Wann ihr dem Tod so nahe seyn werdet als wie ich, so werdet ihr erfahren daß alle Verschiedenheiten der stände, es sey Jugend oder Alter, Reichthum oder Armuth, Grosheit oder geringheit nicht mehr zu bedeuten haben, als ob ihr auf einem köstlichen oder geringern Bette sterbet.

Die Wichtigkeit dessen, das nach dem Tod folgt, macht alles vorhergehende im Nichts verschwinden.

Das Gericht ist es, worauf nun meine Gedancken gerichtet sind, dann die ewige Glückseligkeit oder Verdammniß sind mir nun gantz nahe getretten, alle Ergötzungen und weltliches Glück scheinen mir so

nichtig

nichtig und unwerth, und bekümmere mich so wenig darum als um die Kleider welche ich getragen habe, ehe ich reden kontte.

Aber O Ihr meine Freunde! Wie muß ich mich entsetzen daß ich nicht allezeit solche Gedancken gehabt habe; wie bin ich erstaunt, daß nun durch Mangel des Gehorsams und aufmerckens auf die stimme Gottes in der Seele die Worte Christi in mir in die Erfüllung gegangen sind: Finsterniß ist über mich gekommen, und diese grosse Dinge und vor meinen Augen verborgen worden; dann was ist im Grauen des Todes, in den Eitelkeiten des Lebens, in denen Pflichten der Gottseligkeit, daß ich nicht alles hätte eben so leicht und nachdrücklich sehen können zu einiger Zeit meines lebens, als ich es jetzt sehe.

Welch eine erstaunende Sache ist es, daß ein gesunder Leib, oder das Geschäffte einer Handthierung, uns so fühlloß erhalten kan, daß wir die grosse Dinge nicht mercken, welche doch so schnell über uns kommen.

Als ihr eben in die stube getretten seyd, so überlegte ich bey mir selbst, welch eine Anzahl von Seelen gegenwärtig in der Welt sind, welche sich in eben meinen Umständen befinden, und übereilt werden von dem Botten des Todes, theils in ihrer Handelschafft und Bauerey, andere in ihren Wollüsten und Kurtzweilen, einige in Proceßhändeln, und andere an den Spiel-Taffeln, und solche alle werden zu einer Zeit und stunde überfallen, da sie es nicht gedacht haben, und erschröcken über der Ankunfft des Todes, und werden bestürzt über der Eitelkeit ihrer Wercke, Anschläge und Vornehmens, geängstiget über der Thorheit ihres verflossenen Lebens, und wissen nicht, wohin sie ihre Gedancken wenden sollen um einigen Trost zu finden: Ihr Gewissen schlägt ihnen ins Angesicht, und erinnert sie aller ihrer Sünden, und peinigt sie mit der nachdrücklichsten Ueberzeugung ihrer begangenen Thorheiten und stellet ihnen den erzörnten Richter vor, und den Wurm der nicht stirbet, und das Feuer welches nicht verlöschet, die Pforten der Höllen, die Finsterniß, und die bittere Schmertzen des ewigen Todes.

O meine Freunde! Dancket GOtt, daß ihr nicht von dieser Zahl seyd, die ihr noch Zeit und Wermögen habt euch in solchen gottseligen Dingen zu üben, davon ihr am Ende Frieden erndten könnet.

Und nehmt dieses mit nach Hauß, daß nichts ist als ein Lebens-Wandel von grosser Gottselig-

keit, oder ein Ende von grosser Verstockung, daß euch von diesen Betrachtungen abhalten kan.

Hätte ich nun tausend Welten, so wollte ich sie alle davor geben, daß ich noch ein Jahr leben dörffte, damit ich mich GOtt aufopffern möchte in solcher Andacht und guten Wercken, dergleichen ich zuvor niemals willens war zu verrichten. Ihr möchtet vielleicht dencken, daß ich ein Leben geführt habe, welches doch von groben Lastern befreyet war, und habe in der Gemeinschafft der Kirche gelebt, und euch verwundern, daß ich so voll Seelen-Angst und selbst-Werdammnüß stecke bey dem heran nahenden Tod.

Aber, O welch ein elendes Ding ist es! Wann man nur ein solches Leben geführt hat, welches nur von Ehebruch, Mord und Dieberey frey ist, (:dann dieses ist alles, was ich zu meiner Wertheidigung sagen kan.)

Ihr wißt zwar wohl, daß ich nie kein Schwelger gewesen bin, aber ihr seyd auch zu gleicher Zeit lebendige Augen Zeugen von meiner Unmässigkeit wollust, und grossen falschen Freyheit. Und wann ich nun vor dem Gericht erscheinen muß, allwo nur gute Wercke belohnet werden, so habe ich wohl Ursach bekümmert zu seyn; dann ob ich wohl kein Schlemmer bin, so habe ich doch keine christliche Nüchternheit erwiesen, die vor mich zeugen könte.

Es ist zwar wahr, daß ich in der Gemeinschafft der Kirche gestanden bin, und bin auch Sontags wohl fleissig in die Kirche gegangen, wann ich nicht zu gemächlich, oder zu geschäfftig, oder in lustbarkeiten begriffen war; aber auch das beywohnen des äussern Kirchendiensts war mehr eine Gewohnheit als ein Begehren dasjenige zu thun und auszuüben was der Kirchendienst erfordert; wäre es nicht so gewesen, so wäre ich fleissiger zur Kirche gegangen, u. wäre andächtiger gewesen, wann ich drinnen war.

Aber was mich über alles andere verwundert, ist daß ich niemahls nur einen ernstlichen Vorsatz gehabt habe, dem Evangelio gemäß zu leben, aber dieses ist mir niemahls ins Hertz gekommen; Ich habe mein Lebtag nicht einmal daran gedacht, ob ich auch der Regel der Gottseligkeit gemäß lebe, oder ob mein Weg so wäre, daß mir GOtt auch zu dieser Stunde könte gnädig seyn.

Kan es wohl geglaubt werden, daß ich dem Evangelio ein Genüge gethan habe, der ich es nicht einmal mit Ernst in den Sinn gefaßt hatte, es zu

thun

thun? Kan es wohl geglaubt werden, daß ich GOtt
gefällig gelebt habe, in einem Wandel wie es ihm
gefällig ist, da ich nicht einmal geforschet habe was
er von mir forderte, oder wie viel ich davon gehalten
habe? Welch eine leichte Sache würde es um die
Seeligkeit seyn, wann sie in meine sorgloße Hände,
solte gegeben werden, der ich niemahls so viel Gedancken darüber gehabt habe, als um einen einigen
gemeinen Accord in der Handelschafft.

Im gemeinen Leben bin ich vorsichtig gewesen,
und habe alles mit Verstand und überlegung gethan
und regelmäßig behandelt: Es war mir eine Freude
mich mit Leuten zu bereden die Erfahrung und Verstand hatten, damit ich ausfinden mögte, warum
der eine voran komt, und der Andere verdirbt in
meiner Hauthierung. In der Handelschafft habe
ich alle Tritte und schritte mit Bedacht und Sorgfalt gethan, und habe alle Vortheile und Verlust
aufs genaueste überschlagen, mein Aug ist allezeit
auf die Haupt-Absicht des Geschäftes gerichtet gewesen, und habe allezeit darauf gedacht, wie ich ge-
winnen wolte bey allem was ich vorgenommen habe.

Aber was ist die Ursach, daß ich dieser Fähigkeiten keine in das geistliche Leben übergebracht
habe? Was ist die Ursach, daß ich, der ich so viel
von Regeln, Ordnungen und fleiß zu reden gewußt
habe, in natürlichen Dingen, daß ich in alle der Zeit
niemahls darauf bedacht gewesen in geistlichen
Dingen regelmäßig und ordentlich zu wandeln.

Denckt ihr wohl, daß etwas sey, das einen sterbenden Menschen so sehr entsetzen und verwirren
kan, als dieses Gefühl? Was vor schmertzen denckt
ihr, muß ein Mensch fühlen, dem sein Gewissen
alle diese Thorheiten vorhält, wann es ihm zeiget
wie regelmäßig, genau und klug er gewesen ist in
denen Dingen, welche wir in Traum verschwunden
sind, und wie thöricht und unverständig, ohne Bedencken, ohne Regel und Ordnung er die Dinge
der Ewigkeit tractiret hat.

Wären es nur Unvollkommenheiten und
Fehler die ich zu dieser Zeit zu beklagen hätte, so
würde ich in Demuth die Barmhertzigkeit GOttes
erwarten; Aber Ach! Wie kan eine gäntzliche
Hindansetzung und leichtsinnige Vergessenheit
aller Gottseligkeit, eine Unvollkommenheit oder
Fehl genennt werden? Da es doch eben so wohl
n. meiner Macht gewesen wäre in geistlichen und
gottseligen Dingen accurat und sorgfältig zu seyn;

als in natürlichen Geschäfften der Handelschafft.

Ich hätte ja eben so viel Hülffs-Mittel können
zur Hand nehmen, hätte können so regelmäßig
zu Werck gehen, hätte können so viel gewisse Ordnungen zu einem gottseligen Leben und Wandel
zusammen bringen, als im Gewerbe meiner Handelschafft, wann es mir nur wäre darum zu
thun gewesen.

O meine Freunde! Ein sorgloses Leben ohne
Bekümmerniß und Aufmercksamkeit in gottseligen Dingen, ist so gar ohne einige Entschul-
digung, so gar unwürdig der göttlichen Barmhertzigkeit, eine solche Schmach vor unser Ver-
ständliches Theil, daß ich keine grössere Quaal
weiß vor einen Menschen in meinem Stande, als
an diese Untrene zu gedencken.

Penitens wolte nun noch ferner fortfahren in
seiner Rede; aber der Mund wurde ihm gestopfft,
indem ihn der Schlag rührete, und konte ferner
kein Wort mehr hervor bringen. In diesem Zustand lag er etwan zwölff Stunden, und darnach
gab er den Geist auf.

Könte nun ein jeder der dieses lieset, sich die Sache so zu Gemüthe führen, als ob dieser Penitens
sein naher Freund gewesen gewesen wäre, und sich
einbilden, daß er bey ihm am Bette gestanden,
und alles dieses gesehen und gehört habe aus seinem Munde, was hier beschrieben ist, als dieser arme Freund in seiner Noth und Seelen-angst
gelegen hat, und seine Thorheiten beklagt, welche
er in seinem vergangenen Leben verübt hatte; ich
versichere, es würde ihn mehr wahre Weißheit u.
Verstand lehren, als jemahls zuvor in seinem
Hertzen gewesen ist. Wann er noch dazu erwä-
gete, wie offt er selbst in einem solchen sorglosen
Zustand hätte können überfallen werden vom
Botten des Todes, und zu einem Exempel vor Andere dargestellet seyn. Diese doppelte Betrachtung
so wohl des Elendes, worinnen sich sein Freund
befunden hat, als auch die Güte GOttes, der ihm
noch davon befreyet hat, würde ohne Zweifel sein
Hertz erweichen zu heiligem Verlangen, und ihn
bewegen sein übriges Leben in Ordnung und Gottseligkeit zu führen.

Weil dann dieses eine so nützliche Betrachtung
ist, so werde ich den lieben Leser wie ich hoffe be-
schäfftiget verlassen, und hierzu Glück wünschen.

✿ ✿ ✿

Verschiedene nützliche Recepte vor Menschen und Vieh.

VOr Zähne zu erhalten, nimm des Morgens Salz ins Maul, und halte es darinnen biß es zerschmolzen ist, und reibe hernach mit solchem Salzwasser die Zähne wohl ab; es nimmt allen Schleim von den Zähnen, bewahret sie vor Fäulung, und verhütet das Zahnweh, wann damit angehalten wird.

Einen Splitter oder Dorn aus einer Wunde zu ziehen, nimmt man ein Stück von einer gedörrten Fuchszunge, weicht sie in Essig ein, und legt es über den Schaden.

Flecken oder Fell von den Augen zu bringen, nimm den Kopff von einer Katze, (etliche sagen sie müßt schwartz seyn) thue ihn in einen neuen irrdenen Hafen, und brenne ihn zu Pulver; von diesem Pulver oder Asche fülle einen Feder-Kiel, und blase dem Patienten ein wenig in das Auge, dreymal des Tages; klagt er über Hitze, so weiche eichen Laub in frisch Wasser, und lege es über das schabhaffte Auge, wiederhole solches, biß sich die Hitze legt: Durch dieses Mittel sind schon gantz blinde wieder sehend geworden.

Das Marck aus dem Flügel einer alten Gans ist auch gut, wehe Augen damit zu schmieren: Oder die warme Milch einer säugenden Frau in die Augen gemolcken, hat schon vielen gute Dienste gethan, sonderlich jungen Kindern.

Ein Stück von einem frischen Apfel über Nacht auf die Augen gebunden ziehet die Hitze gewaltig aus, und lindert die Schmertzen.

Vor die Wassersucht, Scharbock, Stein oder Glieder-Gicht, nimm ein Quart Bier, u. thue es in eine Bottel, und thue ein viertel Pfund gestossenen Senff drein, lasse es 3 biß 4 Tage stehen, und trincke alsdann davon, und wann du ein Glaß voll heraus genommen hast, so fülle die Bottel wieder mit Bier an, biß alle Krafft aus dem Senff gezogen ist; alsdann, wann die Kranckheit noch nicht gehoben ist, kan man wieder eine frische Bottel voll ansetzen.

Vor den Stein ein bewährtes Mittel: Nimm Thymian, und Petersilge, und koche sie in weissem Wein; dann seyhe es durch, und thue zu einem Tschill einen Löffel voll quite weisse geschabte Säiffe, und nimms auf einmal ein, solches führt das Wasser gar schön ab.

Vor den Husten, Engbrüstigkeit oder andere Brust-Beschwerungen: Nimm ein Pf. Honig, eine Untze Schwefelblumen, 1 Untze zu Pulver gemachte Alant-Wurtzel, eine Untze gestossener Süßholtz-safft, eine halbe Untze Ingwer, menge alles wohl durch einander, und nimm alle Abend beym schlaffen gehen einen Löffel voll davon ein.

Gegen böse gifftige Lufft nimm ein Löffel voll Rauten und ein wenig Salz, und iß es morgens nüchtern, so bist du den gantzen Tag bewahrt gegen ansteckende Kranckheiten.

Lahme Glieder: Nimm Rosmarin und Rauten, von jedem 2 Hände voll, und koche es in einer Quart Baumöhl und einem Quart guten Wein, etwan eine halbe Stunde; alsdann schmiere und bade das lahme Glied damit, so warm du es leiden kanst; reibe aber den Ort erst wohl mit warmen Tüchern, damit es desto besser einziehe: Nachdem du es eine halbe Stunde lang wohl geschmiert hast, so wickle es in ein Schaaf-fell, da die Wolle noch dran ist, daß die Wolle an die Haut kommt und wohl warm bleibt, halte damit etliche Wochen an, biß dir wohl ist. Mit diesem Mittel sind schon gantz lahme gesund worden.

Vors Kopffweh: Nimm Safft von Gundelreben, und schnupffe es in die Naase aus einem Löffel. Dieser Safft purgirt das Haupt sehr schön, und benimt ihr alle Schmertzen. Der Erfinder von diesem Mittel spricht, er habe Menschen vom Kopffweh curirt, welche schon viele Jahre damit sind behafftet gewesen, und dieses Mittel hat ihnen so davon geholffen, daß sie es nimmermehr wieder gekriegt haben.

Ein schmertzstillender Ueberschlag: Nimm ein Pfund Brod-Krumen von Weißbrod, und kochs in Milch zu einem Pap, thue zwey Eyerdottern drein, drey Untzen Baumöhl, und ein wenig Saffran; diesen Ueberschlag lege warm auf, und wiederhole es so offt es kalt wird, biß sich der Schmertzen geleget hat.

Noch ein schmertzstillender Ueberschlag vor Geschwulst, stechen und allerley andere Schmertzen an allen Theilen des Leibes: Nimm zwey Hand voll Wald-Disteln-Wurtzel, wasche und zerschneide sie klein, und koche sie in

Wasser,

Waſſer, biß ſie weich ſind; dann nimm ſie aus dem Waſſer, und thue eine Handvoll Leinſamen und eine Handvoll Fœnumgræcum zerſtoſſen hinein, und koche dieſe, biß ſie ſchleimig und dick werden wie ein Vogel-leim: Darnach ſtoſſe die Diſtelwurtzel klein, und menge ſie zu dem Fœnumgræcum u. Leinſamen, thue noch eine Handvoll Gerſten Mehl dazu, und brate es in Schweinen-Fett oder Leinöhl; darnach ſchlage es ſo warm über, als es der ſchmertzhaffte Ort ertragen kan, und laſſe es zwölf Stunden liegen: Darnach lege ein friſches Pflaſter über, biß es wieder beſſer iſt. Es hat im Seitenſtechen ſchon gar gute Dienſte gethan, ſonderlich wann erſt bey Erwachſenen eine Ader geöffnet worden.

Faule Aepffel in Scheiben geſchnitten, in Leinöhl gebraten und warm übergeſchlagen, iſt auch gut gegen das ſtechen; wann der Ueberſchlag kalt worden, muß er wieder gewärmt werden; und damit beſtändig ein warmer Ueberſchlag drauf liegen könne, und der ſchmertzhaffte Ort nicht kalt werde, ſo muß man zwey ſolche Ueberſchläge machen, und einen nur den andern überlegen. Ein Säcklein mit geröſtetem Haber, heiß übergelegt und damit angehalten, iſt auch ſehr gut, abſonderlich wann es ein kalter Fluß iſt.

Saltz fein gemacht, in einer Pfanne recht hart und trocken geröſtet, und zwiſchen zwey Tücher heiß übergelegt, wo ein kalter Fluß und Geſchwulſt iſt, ziehet die Feuchtigkeit auch gewaltig aus; das Saltz muß aber allemahl wohl getrocknet werden in der Pfanne. Thut man es vor das Zahnweh, ſo bindet man das Saltz um den Hals, ſo ziehet es den Fluß herabwärts; es muß aber immer wohl warm ſeyn.

Vors Zahnweh. Nimmt man auch etliche Köpffe Knoblauch, ſchält ſie, zerklopfft ſie, und legt die eine Hälffte unten an die Fußſohlen des einen Fußes, und die andere Hälffte auf die Sohle des andern Fußes; dieſes ziehet auch die Flüſſe wunderbarlich vom Kopff herabwärts, und ſtillet bey vielen das Zahnweh nachdrücklich.

In kalten Flüſſen iſt vor das Zahnweh ſehr dienlich, wenn man ein paar Meſſerſpitzen voll Pfeffer in ein wenig Eſſig auffkocht, und davon öffters ſo warm als möglich iſt, in den Mund nimmt, und ſolches fleiſſig wiederhohlt; noch kräftiger aber iſt die Bertram-Wurtzel, wann ſie in Eſſig kocht, und die Brühe davon fleiſſig in den Mund nimmt; haſt du aber die Bertram Wurtzel nicht bey der Hand, ſo nimm an deren ſtatt die Holderwurtzel, und gebrauche es auf vorige

meldete Weiſe; und wann du ſpühreſt, daß die Wärme nachlaſſen will, ſo ſpeye ſolches aus, und nimm wieder anderes in den Mund: Es ziehet den zähen Schleim heraus, und hilfft plötzlich.

Zuweilen thut es auch gute Dienſte beym Zahnweh, wann man fein Saltz nimmt, und reibt damit das Zahnfleiſch, biß es wohl blutet: Dieſes hat ſchon manchem gute Dienſte gethan.

Weiſſe Rüben in der heiſſen Aſche gebraten, und Stücker davon, ſo heiß mans leiden kan, hinter dasjenige Ohr gelegt, wo der Schmertzen iſt, thut auch zuweilen gute Dienſte.

Gegen die wackelende Zähne, Mundfäule oder faules Zahnfleiſch. Gebrauche deinen eigenen Urin: Derſelbe verbeſſert das faule und ſtinckende Zahnfleiſch, befeſtiget die wackelende Zähne, und widerſtehet der Mundfäule gewaltig, wann es zwey biß drey mal des Tags wiederhohlt wird.

Oder nimm Myrrhen und Röhtelſtein, jedes x Quintlein Muſcaten-Nüß und gebranten Alaun, jedes ein halb Quintlein, menge es unter Honig und mache eine Salbe daraus, und reibe zum öfftern das Zahnfleiſch damit.

Wann das Zahnweh von hohlen Zähnen herkomt, ſo iſt es der kürtzeſte Weg, man laſſe ihn ausreiſſen; will man aber das nicht thun, ſo nimm Baumwolle und mache ſie in Campfer-Brandtwein wohl naß, und lege es neben den hohlen Zahn zwiſchen den Backen und den Zahn, und laſſe das Gewäſſer und Schleim heraus läſſen, ſo lange es lauffen will. Der ausgepreſte Safft von Gelben Ringelblumen hat auch eine gleiche Würckung. Etliche Tropffen Leinöhl hinein gethan auf vorige Weiſe ſtillt auch offt die Schmertzen gleich.

Bey hohlen Zähnen iſt auch ein bewährt Mittel, wann man Bilſenkraut-Samen oder anſtatt deſſen gepulverte Judenkirſchen nimmt, und vermiſchet etwas davon unter zerſchmoltzen Wachs, mache hernach Blättlein davon von der Gröſſe eines Penſes, lege deren eines auf glühende Kohlen, halte einen Trichter darüber, und laſſe den Rauch durch den Trichter ins Maul gehen an den wehen Zahn. Durch dieſes geringe Mittel ſind öfters die allergrauſamſte Schmertzen augenblicklich geſtillt worden. Den hohlen Zahn fülle hernachmahls mit weichgemachtem Weyhrauch oder Maſtir, ſo wird er unvermerckt ausfallen.

Ein ſtück Wurtzel vom Hahnenfuß entweder in den hohlen Zahn geſteckt, oder neben den Zahn gelegt, hilfft auch öfters geſchwind.

Vor

Vor Ohren-Schmertzen und Sausen in den Ohren.

Bey Ohren-Schmertzen ist es gut, wann man gleich Anfangs 3 biß 4 Tropffen Campfer-Brandewein hinein tropffen läßt, und sich aufs andere Ohr leget.

Oder nimm einen leeren Oehl-Krug, stopfe ihn zu und lege ihn in den Back-Ofen; so bald das Brod heraus ist, lasse den Krug recht heiß werden; alsdann nimm den Stopffen heraus, und halte das Loch des Krugs gegen das schmertzhaffte Ohr, daß der Dunst aus dem Krug so heiß in das Ohr ziehe.

Etliche Tropffen bitter Mandelöhl in die Ohren tropffen ist auch gut.

Oder das Fett von einem Aal warm in die Ohren tropfen lassen, reinigt die Ohren, stärckt das Gehör und stillet das Sausen der Ohren. Bey allen solchen Dingen die man in die Ohren tropffen läßt, muß man wenigstens eine Stunde auf dem andern Ohr liegen, biß die Artzeney ihre Würckung gethan hat; ist der Schmertz oder Fehler in beyden Ohren, so tropffet man erst in eines, und liegt etwan eine Stunde auf der andern Seite, und alsdann läßt man in das andere auch tropffen, und eben so lang hinein ziehen.

Ist etwan ein lebendiges Thierlein ins Ohr gekrochen, so lasse algemach Küh-warme Milch ins Ohr tröpffen, biß das Ohr voll werde, so wird sich solch Ungeziefer heraus machen.

Fühlst du ein krabbeln oder nagen, als ob Würm in den Ohren wären, so nimm Knoblauch und Wermuth, zerstosse sie und schütte von diesem Safft auf ein glüend Eisen oder Kohlen, und lasse den Dampff durch einen Trichter in das Ohr oder die Ohren gehen; oder auch nur gedörrte Wermuth-Knöpfe auf Kohlen gelegt, und durch einen Trichter den Rauch in die Ohren gehen lassen, thut gute Dienste.

Vor das Sausen und Brausen der Ohren.

Nimm Wachholderbeeren, Kümmel und Fenchel, stosse solche und menge sie wohl und backe sie in ein Läiblein Brods, und so bald es aus dem Ofen kommt, so schneide oben ein Loch in die Obere Kruste, etwan eines Thalers groß, und giesse guten Brandewein hinein, halte das schadhaffte Ohr darüber, daß der heisse Dampff an das Ohr gehe durch einen Trichter. Oder nimm die obengemeldte Samen, und thue Sevenbaum und Wermuth, von jedem eine halbe Handvoll dazu, und wirff davon auf Kohlen, und lasse den Rauch durch einen Trichter ins Ohr gehen. Gestoffene Gewürtznägelein auf Kohlen geworffen, und den Rauch durch einen Trichter ins Ohr gehen lassen, hilfft auch offt.

Der Safft eines schwartzen Rettigs mit etwas Saltz vermenget, und ein wenig Baumwolle darinn naß gemacht und in die Ohren gethan, ist auch gut.

Oder koche den frischen Rettig-Safft mit ein wenig Mandel-öhl und ein wenig Wein, und lasse etliche Tropffen warm in die Ohren fallen.

Der ausgepreßte Safft vom Mayoran mit etwas Mandelöhl vermengt und in die Ohren getröpfelt, vertreibt das Sausen der Ohren und befördert das Gehör gewaltig.

Auch folgendes Mittel ist sehr dienlich vor das Sausen der Ohren: Nimm ausgepreßten Hauß-wurtzel-Safft so viel du willt, thue es in ein Gläßlein, stopfe es wohl zu, stecke solches in ein klein Läiblein Brods, backe es im Backofen so lang als das andere Brod, nimm das Glaß hernach heraus, und lasse zuweilen etliche Tropffen warm ins Ohr fallen.

Fernere Mittel vors Kopfweh.

Nimm fein Saltz und Kümmel und Fenchel jedes gleiche viel, jedes fein gestoßen, und so viel Essig als nöthig ist es anzunetzen, mache es in einer Schüssel über Kohlen wohl warm, u. thue welches davon in ein Tuch, und schlag es über Nacht hinten auf den Kopf, binde es wohl, und von dem übrigen mache des andern Abends wieder einen solchen Ueberschlag, und halte damit 8 oder 9 Nächte an. Dieser Ueberschlag vertreibt nicht nur das Kopffweh, sondern er verbessert das Gesicht, und ziehet die Flüsse weg, welche sonst so viel Ungemach an den Augen verursachen.

Auch thut es gute Dienste, wann man die Wurtzeln nimmt vom Mangold oder Römischen Kohl, und macht die äußere Schale davon und stößt die Wurtzel, preßt den Safft aus, und schnupfft ihn aus einem Löffel die Naße hinauf. Dieses Mittel ob es wohl gering scheinet, hat doch schon sehr gute Dienste gethan.

Die Augen zu bewahren gegen die Porpeln.

Nimm Campher-Brandewein und mache feine Lümplein darinnen naß und lege sie 4 oder 6 doppelt zusammen auf die Augen; und wann sie trocken sind, so netze sie wieder, so werden keine Porpeln heraus kommen wo die Lüchlein liegen; ist aber dein klein Kind, das diesen Ueberschlag nicht leiden will, so nimm frisch Wasser in ein Glas, und thue Saffran drein; diß das Wasser recht gelb

worden

scharbockische Zahnfleisch offt damit geschmiert, heilet es aus dem Grunde, und macht auch die wackelende Zähne wieder fest.

Ein gutes Gurgelwasser wider die Mundfäulung: Nimm Brunellen, Wegerich und Löffelkraut-Wasser, jedes ein Eßlöffel, Alaun ein Quintlein, Rosenhonig drey Loth, mische alles wohl durcheinander, u. gurgele den Hals und Mund damit aus.

Das frische Löffelkraut etwan 3 biß 4 Tage in Bier geweicht, in einem wohl vermachten Geschirr verwahrt, theilet dem Bier alle Krafft mit, und wann solche die mit dem Scharbock behafftet sind, und Miltzsüchtige solches zu ihrem täglichen Tranck machen, so werden sie grossen Nutzen davon spühren.

Wann man öffters die Blätter im Munde kauet, so hält es den Mund rein, und man ist sicher vor allem Scharbock.

Der aus solchem Kraut ausgepreßte Safft auf ein biß anderthalb Loth Morgens und Abends getruncken, reiniget nicht nur das scharbockische Geblüth von seinem überflüssigen Saltz, sondern ist auch gut vor die Schwindsucht, vor das Abnehmen, vor drey und viertägige Fieber, und vor die Gelb- und Wassersucht.

Melisse.

Melisse ist eines der herrlichsten Kräutern, so da voll des reinesten, lieblichsten, flüchtigen öhlicht-Aromatischen Saltz-Geistes ist, und hierdurch hat sie treffliche Eigenschafften zu erwärmen und zu trocknen, das Haupt, Hertz, Magen und Mutter zu stärcken, die Lebens-geister zu erwecken, und aufzumuntern; Schmertzen zu stillen, Flüsse zu trocknen, den zähen Schleim aller Orten zu verdünnern und zu zertheilen, Verstopfungen des Miltzes und der Mutter zu eröffnen, Winde und Blähungen zu stillen und = = = Man muß sie im Juny und July sammlen, wann der Mond im Stier oder Löwen ist: Man gebraucht nur die Blätter davon.

Die Melisse ist sonderlich dienlich vor die Krankheiten des Haupts, Hertzens, Magens und der Mutter, vielen Weibern stillt dieses Kraut das Mutterweh, wann sie nur daran riechen. Es wird mit Nutzen gebraucht bey dem Schlag, fallenden Sucht und dem Schwindel. Wann man eine Handvoll Melissen in ein Quart weissen Wein thut, und davon trinckt, so ist es zu allen den obengemeldeten Kranckheiten gut. An vielen Orten pflegen die Weiber den schwachen Kindbetterinnen Küchlein davon zu backen; sie nehmen die zarten jungen Schößlein, zerstossen sie, und backen sie mit Eyern und Zucker.

Melisse und Camillen-Blumen in Wein gekocht zwischen zwey Teller ausgedrückt, und so warm über den Leib gelegt, stillt das Mutterweh gar geschwind.

Melisse in Lauge gethan und die Haare damit gewaschen, erhält sie bey der Farbe, daß sie nicht so bald grau werden.

So man die Bienenkörbe mit diesem Kraut reibet, so sollen die Bienen nicht wegfliegen.

Das distillirte Melissen-Wasser stärcket das kalte schwache Haupt, dienet wider den Schwindel u. Schlag, währet den Ohnmachten, stillet das Grimmen, und ist nützlich der erkalteten Mutter, so man offt ein paar Löffelvoll einnimmt; ja es dienet auch wider die Melancholy.

Der Melissen-Conserve oder Melissen-Zucker wird eben auf solche Weise gemacht, wie droben bey dem Löffelkraut ist gemeldet worden. Er ist überaus dienlich vor melancholische Leute, treibt die schwermüthige Gedancken, stärckt das schwache Hertz, stillet das Bauchgrimmen, bekomt dem erkalteten Haupte, Magen und Mutter wohl, so man öffters einer Muscaten-Nuß groß einnimt.

Salbey.

Die Salbey ist warmer und trockener Natur. Die kleine Salbey ist kräfftiger als die grosse: Sie hat die Tugend allem Gifft, wie auch aller Säure zu widerstehen, zu säubern, gelind zusammen zu ziehen, und die Lebensgeister zu erquicken.

Die Salbey ist dem kalten Gehirne gar gut, stärcket die Nerven, und ist gut wider alle kalte Schwachheiten des Haupts, erwärmet den kalten Magen und macht Lust zum Essen.

Einige meynen versichert zu seyn, daß wann sie Morgens nüchtern etliche Salbey-Blätter mit Saltz essen, so seyen sie den gantzen Tag vor Gifft und böser Lufft bewahrt.

Denen kalten Naturen bekommen die Speißen wohl, welche mit Salbey zubereitet sind.

Salbey im Munde gekäuet, reiniget das feuchte Haupt von dem Schleim, und macht einen guten Athem.

Die Salbey-Blätter und Blumen im Schatten gedorret, und dann morgens und Abends eine Zeitlang so viel man zwischen fünff Finger fassen kan, mit heissem Wasser angebrüht und wie Thee getruncken, mit halb Milch und mit Candel-Zucker süß gemacht, verhütet die Flüsse des Haupts, benimmt die Heiserkeit, wann sie auch schon lang gewähret hat, erleichtert den Athem und stärcket die Nerven. Salbey

Salbey und Wolkkraut in Wein gesotten und warm darüber gesessen, macht den ausgefallenen Affter in den Leib gehen.

Das distillirte Salbey-Wasser hat eine wunderfame Krafft für alle kalte Mängel des Haupts, wehret dem Schlag, der fallenden Sucht und den Gichtern, benimmt den Schwindel, ist gut für den Husten, erwärmet den Magen, so man zuweilen einen Löffelvoll davon nimmt: Welche von dem Schlag sprachloß worden sind, denen soll man ein paar Löffel voll dieses Wassers eingiessen; es bringt öffters die verlohrne Rede wieder, und stärcket die erlahmte Zunge; das Wasser in die Naase

gezogen, reiniget das Haupt; die Hände mit sem Wasser laulicht gerieben, u. von selbst lassen trecken werden, vertreibt das Zittern.

Aus der frischen zerhackten Salbey läßt sich auch mit Brandewein eine gute Essenz ausziehen, wann man solche in ein Glas thut, und schüttet so viel Brandewein drüber, daß er einen Finger hoch drüber gehe, und läßt solches etliche Wochen an der Sonne stehen: Dieses ist eine herrliche Bewahrung gegen die Schlagflüsse; sie stärcket und erwärmet auch die erkältete Nerven und Gehirn, Magen und Mutter, macht ein gut Gedächtniß, und vertreibt den Schwindel.

Ein Abriß von der Stadt Montreal in Canada.

Ob man zwar wohl im vorigen Jahr dem Calender eine Beschreibung von Montreal angehenget hat, so war solche doch nur sehr mangelbar und kurz, und man konte auch keinen Abriß davon beydrucken, weil sie noch zu selbiger Zeit nicht in der Englischen Hände gerathen war, als welches erst den 9 September 1760 geschehen ist; und hierdurch haben wir mehrere Nachricht samt dem Abriß davon erhalten, welche wir nun beyfügen wollen; zumal, da Montreal ein nahmhaffter Ort ist, welchen die Englischen in Nord-America erobert haben: Da sie dann mit denselbigen Herren von ganz Canada geworden sind. In dem Gentlemans Magazien findet man hievon folgende Beschreibung:

DIE Stadt Montreal liegt auf einer Insul gleiches Namens, in der Revier Lorenz 60 Stunden über Quebeck. Es ist starck bewohnt in einer länglichten Form, die Straßen sind weit und die Häuser wohl gebaut, die Festungs-Werker sind starck, mit einer Mauer umgeben, welche durch eilf Redutten bedeckt wird, der Graben etwan 8 Fuß tief und von einer gebührenden Breite, aber ohne Wasser; sie hat auch eine Fort oder Citadell, die Batterien davon können die Gas-

worden ist, und alsdann lasse alle paar Stunden etliche Tropffen so kalt in die Augen fallen, solches erhält auch die Augen, daß sich die Porpeln nicht hinein setzen können.

Vors Naaßen bluten.

Nimm einen Bindfaden oder starcken Zwirnsfaden, binde ihn gantz scharff um den kleinen Finger an jeder Hand, ist probirt.

Item, man nehme eine Bürste und bürste die Fußsohlen gantz scharff damit, biß sie feuerroth werden, solches ziehet auch das Blut vom Kopff herab.

Auf dem Arm oder Fuß Ader lassen thut auch gute Dienste.

Von folgendem Pulver alle 3 Stunden so viel genommen als auf einem Pens liegen kan, stillt die innerliche Wallung des Gebluts gewaltig; nehmlich, Salpeter eine Untze, und fein gestoßene Eyerschalen eben so viel, Campfer 20 Pfefferkorn schwer unter einander gemenget.

Das Blut zu stillen bey einer Wunde.

Spinnenweb in die Wunde gelegt, stillt das bluten sehr schön.

Röthelstein geschabt und in die Wunde gethan, ist auch sehr blutstillend.

Weißen Vitriol in die Wunde gethan stillt auch.

Gemeines Kupferwasser oder weißen Vitriol auf einen Lumpen gethan, und von dem Blut drauf lauffen lassen, zugebunden und an einen mäßig kühlen Ort gelegt, stillt auch, und heilet die Wunde sehr schön.

Dinten-Pulver in die Wunde gesträuet, stillt auch Blut, und heilet die Wunde.

Ein köstliches Wasser vor alte Wunden.

Nimm guten frischen Kalck, und thue ihn in einen neuen irdenen oder kupffernen Haven, und schütte heiß Wasser drüber, schäume alle Unsauberkeit sauber oben ab, und lasse sich das Wasser setzen; alsdann schütte es sachte ab, damit es nicht trüb werde, thue es in Botteln, und hebe es auf zum Gebrauch. Dieses Wasser hat eine unglaubliche Krafft alte Wunden auszuheilen, so wohl bey Menschen als Vieh, es wehret aller Entzündung, reiniget den Schaden, und heilt aus dem Grund aus, sonderlich bey feuchten flüssigen Ruxuren. Man macht Tüchlein darinnen naß, und wäscht die Wunde damit aus, und legt die naße Tücher anstatt eines Pflasters über.

Wann man von diesem Wasser nimmt und thut Baumöl drein, und kleppert es recht wohl durch einander, biß es eine Salbe gibt, so hat man eine vor-

E 2

treffliche Brandsalbe vor allerley Brandschäden.

Vor geschwollene Füße.

Nimm Haber und koche ihn in Wasser, biß er sich verkocht hat, thue ihn alsdann in einen Eimer oder Zübergen, und halte die geschwollene Füße drüber, daß der heiße Dunst dran gehe, so heiß du es leiden kanst; solches ziehet das Gewässer gewaltig aus, und wann man es etliche mal wiederhohlt, so werden die Füße dünne: Hat man aber das Rothlauffen an dem geschwollenen Glied, daß es den naßen Dunst nicht leiden kan, so nimm Roggen-Mehl und gedörrte Holderblüthe, röste sie in einer Pfannen wohl und schlags über, wiederhole solches zum öfftern immer wieder warm überzuschlagen; solches vertreibt den Rothlauff, und ziehet die Geschwulst sehr aus, es ist offt probiert und gut befunden worden.

Eine gute Blutreinigung.

Nimm gestoßenen Cremor Tartari 2 Untzen, Jalappe-Wurtzel fein-gestoßen eine Untze, Schwefel-blumen eine halbe Untze, menge sie wohl durch einander; dann thue ein viertel Pfund Honig darzu, und menge es recht wohl, nimm davon alle Morgen nüchtern eine Muscaten-Nuß groß mehr oder weniger, nachdem die Natur starck oder schwach ist, biß es dich gelinde larirt, und halte damit eine Zeitlang an: Am besten ist es im Frühling und Herbst: Es hat eine besondere Tugend alle Ungesundheit zur hintern Thüre hinaus zu führen.

Die Füße zu härten bey Menschen und Pferden.

Nimm ein frisch gelegtes Ey zu jedem Fuß, zerquetsche es, und binde es um die Füße über Nacht; oder thue es in die Schuh, und gehe darauf. Vor ein Pferd das weiche Hufe hat, nimm zu jedem Fuß 2 Eyer, thue sie zerquetscht in die Hufe, und verbinde sie mit Kühmist über Nacht, so kan er des Morgens wieder gehen.

Vor das Sodbrennen.

Trincke ein Glas voll kalt Brunnen oder Spring-Wasser: Oder nimm eine Messerspitze voll geschabte Kreide ein.

Vor das gefallene Zäpflein im Hals.

Mache ein Pflaster etwan eines Thalers groß von Sauerteig, welcher in Essig oder Wasser wohl dünn gemacht ist, streue hernach gantz feinen Ingwer darauf, ziemlich dick; doch so, daß die Feuchtigkeit des Sauerteigs wohl durch den Ingwer dringen kan; hernach schneide die Haare oben auf dem Wirbel des Haupts weg, so groß als das

Pflaster

Pflaster ist, und lege das Pflaster drauf; so ziehet es das Zäpfflein hinauf. Gestossenen Pfeffer vorne in einen Löffel gethan, und das Zäpfflein inwendig im Hals damit berührt, so daß sich der Pfeffer an das Zäpfflein hänge, thut auch gute Dienste. Oder einen Locken Haar recht oben auf dem Wirbel gefaßt und daran gezogen, biß es kracht, ziehet es auch hinauf; doch wann es sehr hartnäckigt ist, so ist das erste Mittel das kräfftigste.

Vor Pferde.

Weil viele Leute aus Erfahrung haben, daß der Antimonium die beste Pferde-Artzney ist, weil er sie nicht nur gesund erhält, sondern auch fett und starck macht; (wann man das Futter nicht zu sehr spahrt; dann der Antimonium macht sie fräßig, und wann sie dann nichts zu fressen haben, so werden sie weder fett noch starck.) so sind viele die solches hören, und ihn auch gerne brauchen wollen, wann sie nur wüsten, wie sie ihn brauchen sollen: Denen dienet zur Nachricht, daß man vor ein Pferd auf einmal eine Untze gibt, oder wer es nicht wiegen kann, der nehme einen halben abgestrichenen Eßlöffel voll auf einmahl, und menge solches unter ein nasses Kleyen- oder Schrot-Futter, damit sich der Antimonium dran hängt; dann wo man ihn unter trocken Futter mengt, so bleibt er in der Krippe liegen, und die Pferde haben keinen Nutzen davon. Solches thut man alle Tage, oder über den andern Tag, biß etwan mit einem Pferd ein halb Pfund verfüttert ist. Viele Leute wollen aus Spahrsamkeit offt 5 biß 6 oder mehr Pferde mit einem Pfund füttern, und werffen also ihr Geld alle weg, weil es so wenig ist, daß es nichts oder nicht viel hilfft. Ferner ist zu mercken, daß der Antimonium sehr fein muß gestossen seyn, sonst haben die Pferde keinen Nutzen davon, weil es ein Ertz ist, und nicht wie Saltz im Leibe zerschmeltzt. Wer derhalben keinen guten Mörschel und fein Sieb hat, der thut besser, er kaufft ihn gestossen; trächtigen Mährren, auch Kühen, Schafen und Schweinen gibt man nur eine Messerspitze voll auf einmal.

Wann ein Pferd einen Fuß verreckt hat oder sonst geschwollen ist, so nimm einen guten Theil Fünffinger-Kraut, und thue einen Klumpen Butter dartzu, und lasse solches sieden, biß das Kraut weich ist; alsdann binde es Morgens und Abends, so warm es zu erleiden ist, dem Pferd auf den Schaden, so wird es in 4 biß 6 Tagen wieder wohl werden.

Wann ein Pferd krätzig wird oder sonst einen

Ausschlag bekommt, so nimm warme Lauge und Menschen-Urin, und wasche den Ort wo der Ausschlag ist, wohl damit; hernach nimm gestossene Alland-Wurtzel, Allaun, und Schwefel, jedes gleiche viel, und menge es unter alt Schweinen-Fett, und schmiere den räudigen Ort damit, so heilet es.

Wann ein Pferd nicht stallen kan, so koche Haber in Wein, biß der Wein den dritten Theil eingekocht ist, und schütte dem Pferd den Wein ein, so stallet es bald.

Wann einem Pferd der Schlauch geschwollen ist, so koche Haberstroh, und thue es also heiß in ein Geschirr, und stelle es unter das Pferd, daß der warme Dampff an den Schaden gehe, und wann es nicht mehr rauchet, so werffe man einen glüenden Ziegelstein öffters in die besagte Haberstroh-Brühe, daß der Dampff wieder aufsteige.

Wann ein Pferd leichtlich zur Rehe wird, so gib ihm eine Zeitlang alle Morgen und Abend einpaar Handvoll Wegwarten-Wurtzel und Kraut klein zerhackt unter dem Futter ein.

Wann ein Pferd ein Fell über die Augen kriegt, so nimm Schellkraut mit der Wurtzel, wasche die Wurtzel sauber ab, und stosse es in einem Mörschel, drücke den Safft aus durch ein Tuch, nimm davon drey Loth, feinen Ingwer ein Quintlein, guten frischen Honig ein Loth, vermenge es wohl durch einander, und spritze dem Pferd des Tages dreymal in das Aug. Dieses Mittel ist offt probirt und vor gut befunden worden.

Wann einem Pferd die Haare zur Unzeit ausfallen, so nimm Regenwürme, koche sie in einem neuen Topff, laß es wieder kalt werden, und schmiere das Pferd damit an dem Ort, wo der Mangel sich zeiget.

Wann ein Pferd die Hünerläuse kriegt, davon sie offt gantz schäbigt werden, so nimm Wermuth und Lorbeeren, koche sie in Bier, und wasche das Pferd zweymal damit; darnach nimm Allaun und koche ihn mit Wasser, und wasche es damit, so vergehen die Läuse, und das Pferd wird sauber von dem Ausschlag.

Wann ein Pferd vom Sattel gedrückt wird, so wasche es mit Urin aus, und mache daß der Sattel an dem gedrückten Ort loß liegt, so heilet es bald, und du kanst immer fortreiten.

Wann ein Pferd sehr abgeritten ist, so nimm Brandewein, Honig und Weitzen-Mehl, mache es warm und schlage es dem Pferd um die Beine, und binde es zu, daß es dran bleibt. Oder nim

Birck-

Bircken-Laub, Weitzen-Mehl und Wein, und koche es, und streiche es auf gegen die Haare, wiederhole solches etliche mal nach einander. Item, nimm Knoblauch und koche ihn in Eßig, und lege es dem Pferd um die Beine; darnach umwinde sie mit Stroh biß an die Knie.

Wann ein Pferd müde ist, so nimm 3 Eyer, brate sie hart, zerstoffe sie in einem Mörfel mit gutem Eßig oder Brandewein, und schlag es dem Pferd um die Beine, sonderlich beym Huff und Gewerben.

Wann Pferde müde und erhitzt sind, soll man sie nicht bald in einen kühlen Stall stellen, oder sonst abkühlen, sondern lieber mit einem Tuch zudecken; dann der Schade ist öffters gröffer, als man denckt.

Daß die Hüner viel Eyer legen.

Wann die Hüner wenig Eyer legen, so soll man ihnen gerösteten Haber warm zu freffen geben, solches thut gute Dienste; sonderlich wann sie im Winter ein warmes Hünerhauß haben. Einige wärmen ihnen alles freffen und sauffen; doch hat der geröstete Haber eine besondere Würckung zu diesem Zweck.

Dem gemeinen Mann zum Dienst will man die Tugenden und Würckungen der vornehmsten
Kräuter und Wurtzeln beschreiben; wann nun einer die Calender zusammen hält, so bekommt er endlich ein kleines Kräuter-Buch vor geringen Kosten, und mache den Anfang mit der

Aland-Wurtzel.

Aland ist warmer und trockener Natur, und hat viele Balsamische Theile, und daher die Eigenschafft zu eröffnen, aufzulösen, den Athem zu erleichtern, Husten zu stillen, dem Gifft zu widerstehen, und den Magen zu stärcken.

Die mit Zucker eingemachte Aland-Wurtzel ist trefflich gut wider das Keuchen und den schweren Athem, befördert den Auswurff, reiniget die Brust, dienet den Lungensüchtigen und denen, so mit dem Grieß behafftet sind.

Es kan auch ein guter Latwerg auf folgende Art gemacht werden: Nimm ein halb Pfund guten Honig, lasse ihn kochen, und schäume ihn wohl ab, thue drein drey Loth gedörrte und zu Pulver gestoffene Aland-Wurtzeln, menge es wohl durch einander zu einem Latwerg; dieses ist gut vor den Husten, Engbrüstigkeit, reinigt die Brust vom Schleim, und befördert den Auswurff, wann man des Tags drey biß vier mahl ein paar Messerspitzen voll nimmt.

Die Aland-Wurtzel in Wasser gesotten, und mit diesem Tranck Morgens und Abends jedes mal 12 oder mehr Tropffen Spiritus Tartari eingenommen, dienet wider das Grimmen, Husten, Engbrüstigkeit, Schlag-flüsse, Lahmigkeit der Glieder und dergleichen.

Camillen.

Die edle Römische, oder auch die gemeine wohlriechende Camillen sind warmer und trockner Eigenschafft, haben schöne Tugenden, um allerley Schmertzen zu stillen, zu erweichen, zu eröffnen Winde und Blähungen zu zertheilen.

Vor das viertägigte Fieber nimm ein Quart guten Wein, und thue ihn in ein neu irrden Gefäß, das man zudecken kan, stelle es eine Stunde auf glüende Kohlen, und thue eine halbe handvoll Camillen-Blumen drein, decke es wohl zu, jedoch laffe es nicht kochen; hernach schütte es ab, nimm hernach ein Tschill davon, und thue ein halb Quintlein Weinstein-Saltz darein, und gib es dem Krancken, wann eben das Fieber anfangen will, und laffe ihn darauf schwitzen; und beym zweyten Anstoß mache es wie zuvor; nur das du 5 Pfefferkorn schwer mehr Weinstein-Saltz dazu thust, und so allemal, wann das Fieber kommt; so wird das Fieber bald weichen, sonderlich wann der Patient den Magen erst ausseget mit einem guten Brech-Mittel.

Man kan ein gutes Camillen-Oehl machen, wann man Baumöhl nimmt, und thut Camillen-Blumen drein, je mehr, je stärcker wird es; und wann es 4 biß 6 Wochen an der Sonne gestanden hät, seyhet man es durch ein sauber Tuch, drückt

drückt es wohl aus, und hebt es in einem Glaß wohl auf. Mit diesem Oehl kan man die bösen Köpffe der Kinder heilen ohne Schaden.

Vor das Grimmen im Leibe der jungen Kinder ist dieses Oehl gar vortrefflich, wann man ihnen das Bäuchlein offt warm damit schmieret. Wan man den untern Leib damit schmieret, so führt es den verstandenen Urin ab, thut man es zu ein Clistier, so lindert es allerley Schmerzen in dem Unterleib; sonderlich thut ein solch Clistir in der Ruhr und schmertzhafften Bauchflüssen unvergleichlich gute Dienste.

Camillen in Wein gekocht, und so warm mans leiden kan, über den Leib gelegt, stillet die Colic und das Mutterweh.

Cardobenedicten.

Cardobenedicten ist warmer und trockner Eigenschafft, treibt den Schweiß, widersteht der Säure und dem Gifft im Leibe, verdünnet den zähen Schleim, stärckt den Magen, macht Appetit zum Essen, eröffnet innerliche Verstopffungen, und reinigt das Geblüt.

Ein Quintlein schwer Cardobenedicten-Pulver eingenommen treibt den Schweiß und das Gifft vom Hertzen, reinigt das Geblüth, tödtet die Würme, und bewahret vor der Pest: Es ist auch gut gegen das Kopffweh, Schwindel, Gelb- und Wasser-sucht, stillet das Grimmen, treibt die überflüssige Feuchtigkeit aus dem Magen und der Mutter, ist gut wider das drey- und viertägige Fieber, wann man solches eine Stunde vor der Ankunfft des Fiebers nimmt in einem Trunck Weins.

Villanovanus meldet, er habe einen Mann gekant, welchem das Fleisch von den Schenckeln biß auf die Knochen seye voll Löcher und Geschwür gewesen, er habe all sein Gut an die Aertzte gewendet, und habe alles nicht helffen wollen; dieser ist endlich auf folgende Weise curirt worden: Er hat frische Cardobenedicten-Blätter gestoßen, mit Wein gesotten, hernach zerschmolzten Schweinenfett darzu gethan, und sie wieder lassen aufkochen; darnach Weitzen-Mehl drein gerührt, biß es wie eine dicke Salbe geworden ist; hiervon hat er des Tags zweymal auf die Wunde gelegt, und ist also glücklich geheilt worden.

Das distilirte Cardobenedicten-Wasser ist auch sehr dienlich wider die faulen Fieber, es stillet das Hauptweh, wehret dem Schwindel, reinigt die Nieren und Blase von dem Grieß, und ist sonderlich gut im Seitenstechen:

Der Cardobenedicten-Samen klein gestoßen und Morgens und Abends eine Messerspitze voll eingenommen, ist ein vortreffliches Mittel wider allerley Fieber, und erweckt Appetit zum Essen; doch ist gut, daß man den Magen erst reinige durch eine Purgierung.

Ehrenpreyß.

Ehrenpreyß hat die Eigenschafft, daß er aller Säure widerstehet, den zähen Schleim auf der Brust und anderswo zerdünnert, Verstopffungen der Brust, Leber, Miltz und Nieren eröffnet, die Flüsse des Haupts vertheilt, Wunden säubert u. heilet, und durch den Harn und Schweiß die Unreinigkeiten abführt.

Es wird dieses Kräutlein wegen seinen Tugenden sehr gelobt, (daher es billig den Nahmen Ehrenpreyß trägt) gegen viele innere und äussere Gebrechen des Leibes; fürnehmlich auf der versehrten Lunge, welche er heilet und vor der Fäulung bewahret: daher die Schäfer ihre Lungensüchtige Schaafe mit diesem Kraut erhalten, wann sie es ihnen mit ein wenig Saltz eingeben. Derhalben sollen sich diejenigen dieses Krauts fleißig auf nachfolgende Weise bedienen, so einen Mangel an der Brust und Lunge haben: Nimm Scabiosen-Kraut, und Ehrenpreyß, jedes eine Handvoll, geschabtes Süßholtz in halb Loth, und zwey oder drey Feigen; zerschneide alles, koche es in einer Galle Wasser, so lange als man an einem hart gesottenen Ey siedet, sehe es ab, und thue 6 Loth Candel-Zucker darzu, und lasse den Patienten nach Gefallen davon trincken.

Dieses Kraut ist ein vortrefflich Wund-Kraut vor innerliche und äusserliche Verwundungen zu gebrauchen.

Fürnehme Wund-Aertzte rühmen dieses Kraut wider frische und alte Wunden, so man es in Wasser siedet, ein wenig Allaun drein thut, und die Wunden damit auswäschet; also dienet es auch gegen die Krätz und Grind, wann man sie fleißig damit wäschet.

Ein gutes Hauß-Clistier wider das Grimmen, Grieß, und Nierenstein: Nimm drey Hände voll Ehrenpreyß, siede es in Wasser, sehe es durch; von diesem Wasser nimm ein halb Pfund, und thue 3 Loth süsses Mandelöhl, drey Loth Zucker, und zwey Loth Gäns-fett hinein; vermische alles zu einem Clistier.

Das distilirte Ehrenpreyß-Wasser wird insonderheit sehr wider die Gelbsucht gelobt, führt den Lendenstein ab, widerstehet dem Gifft, vertreibt den
Schwindel,

Schwindel, stärckt das Gehirn, erwärmt den Magen, vermehrt die Däuung, macht Lust zur Speise, verzehrt die schädlichen Dünste, so aus dem Magen aufwärts steigen und den Schwindel verursachen, eröffnet die Verstopffungen der Leber, Miltz, und vornehmlich der Lunge; dann es zertheilet den zähen Schleim auf der Brust, und befördert den Auswurff, heilet die Lungen-Geschwüre, und reinigt das Geblüth, so man morgens und Abends jedes mal 3 oder 4 Loth davon trincket.

Wenn man die Blätter des Ehrenpreyßes, ehe die Blumen heraus kommen, sammlet und dörret wie den Thee, so haben sie durchaus einerley Würckung mit dem Ostindischen Kraut, so man Thee nennet, und wann man solchen fleissig trincket, so zertheilet solcher warme Tranck die Flüsse des Haupts und der Brust, und ist gut gegen Augenweh, Zahnschmertzen, Husten, Grimmen, verbessert das versaltzene scharffe und hitzige Geblüt durch den Harn, reinigt die Nieren, stärckt das Gedächtniß, ist gut in die Wunden.

Fünff-finger-Kraut.

Fünffinger-Kraut und seine Wurtzel haben die Eigenschafft zu trocknen, anzuhalten, der Säure zu widerstehen, das scharffe Gifft zu tödten, Wunden zu säubern und zu heilen. Es ist am besten, wann es zu Anfang des Monats May gesammlet und im Schatten getrocknet wird.

Ein Loth Fünffinger-Kraut Wurtzel in einer halben Galle Wasser ein wenig gekocht und davon steissig getruncken, stärcket das schwache Haupt, trocknet die Flüsse, ist dienlich in der rothen Ruhr und allerley Bauchflüssen; auch im viertägigen Fieber.

Fünffinger-Kraut Wurtzel täglich im Munde gekaut, verwahret die Zähne unverletzt, und verhütet das Zahnweh. Desgleichen auch die Wurtzel, so man sie in Wein siedet, und alle Morgen den Mund damit auswäschet; sie heilet auch alle Versehrungen im Mund.

Wider die Lungensucht nimm frisch ausgepreßten Safft vom Fünffinger-kraut, saubern Jungfer-Honig und frische Mayen-Butter, jedes gleiche schwer, koche solches, biß es so dick wird als eine Lattwerge, hernach bewahre es in einem gläsernen oder irrdenen Geschirr; von dieser Lattwerge soll der Lungensüchtige alle Morgen einen Eßlöffel voll nehmen, und sacht im Munde zergehen lassen, und hinab schlucken.

Vor die Mundfäule und Geschwüren des Halses ist nachfolgendes Mundwasser sehr dienlich, so auch den Scharbock heilet: Nimm Fünffinger-Kraut mit der Wurtzel eine Handvoll, Scabiosen, Wegrich und Rosenblätter jedes halb so viel, koche es in 2 Quart Brunnenwasser, biß die Hälffte eingekocht ist; alsdann seyhet man es durch ein Tuch, und thut ein Viertel Pfund Rosenhonig und ein halb Loth Allaun dazu, und wäschet damit den Mund, und das Zahnfleisch offtermals aus, und gurgelt auch den Halß damit.

Fünffinger-Kraut und Wurtzeln gekocht und mit der Brühe den Mund offtermahl gewaschen, auch lang im Munde gehalten, vertreibt den üblen Geruch der Zähne und des Mundes.

Gundelreben.

Gundelreben ist warmer und trockner Natur, hat die Tugend zu reinigen, zu heilen, den Urin zu treiben, den Schleim auf der Brust und in den Nieren aufzulösen, und die Verstopffungen zu eröffnen.

Ein paar Handvoll Gundelreben in Wein gesotten und getruncken befördert den Urin, und ist vor das weibliche Geschlecht gut, tödtet die Würme, eröffnet die verstopffte Leber und Miltz, vertreibt die Gelbsucht, und ist gut vor die Lungensüchtigen und die mit dem Stein behafftet sind.

Wider die Lungensucht mache folgenden Syrup: Nimm ein halb Pfund Gundelreben-Safft, und thue 6 Untzen gestossenen weissen Zucker drein, u. lasse es auf gelindem Feuer kochen, biß es Honigdicke wird, davon gib dem Krancken offt einen Löffelvoll ein, und einer Muscaten-Nuß groß rothen Rosen Zucker.

Wider das Sausen in den Ohren nimm Gundelreben; thue sie in Wein, und setze sie auf Kohlen, daß sie kochen, und halte alsdann einen Trichter in das Ohr, und lasse diesen heissen Dampff durch den Trichter ins Ohr gehen.

Wider den Nierenstein nimm gedörrte Gundelreben und stosse sie zu Pulver, und thue eben so schwer weissen Zucker dazu; von diesem Pulver nimm Morgens und Abends ein paar Messerspitzen voll ein in ein wenig Gundelreben-Thee. Von diesem Pulver schreiben die Kräuterbücher, daß es fast nicht zu glauben sey, wie es den Stein zermalme.

Eine Wunde mit diesem Safft ausgewaschen, und hernach vom gedörrten Kraut ein Pulver gemacht und hinein gestreuet, heilet sehr wohl; ist die Wunde schon alt, so thue ein wenig Grünspahn in den Safft, so reinigt es die Wunde:

Dieses

Dieses Mittel ist gut vor Menschen und Vieh. Wann ein stück Vieh die Darmgicht oder Würme hat, so gib ihm reichlich Gundelreben im Futter zu fressen.

Entzian Wurtzel.

Entzian ist warmer und trockner Natur, widerstehet der Säure, verdünnet den zähen Schleim, tödtet die Würme, reinigt das scharffe, saure und salzigte Geblüth.

Das Pulver von der Entzian mit Zucker eingenommen, tödtet die Würme.

Täglich ein Quintlein von dieser Wurtzel in Wein eingenommen, ist gut wider das tägliche u. dreitägige Fieber, wider den schweren Athem und Keuchen; sie öffnet die Verstopffung der Leber u. Miltz, ist denen gut, so gefallen sind und sich beschädigt haben; treibt auch den Urin rc.

So man Entzian-Wurtzel klein gestossen unter Theriack menget, macht ein Pflaster daraus, und legt es auf gifftige Wunden, so ziehet es das Gifft aus.

Wann ein Pferd nicht fressen will, so gib ihm Entzian, Lorbeeren, Wachholderbeeren und Calmus unter das Futter.

Schwangere Weiber sollen sich vor der Entzian hüthen.

Ingwer.

Der Ingwer ist, wie die alten zu sagen pflegen, warm und trocken im dritten Grad, und hat viel Gewürtz, öhligtes und flüchtiges Salz in sich; und daher fast gleiche Eigenschafften mit dem Calmus, Galgand, Pfeffer und den übrigen Gewürtzen.

Wer ein hitziges Geblüth hat, der soll nicht viel Ingwer gebrauchen; übrigens ist er dem kalten Magen gut, stärcket die Dauung, macht Appetit zum Essen, verzehret die wässerige Feuchtigkeiten, stärcket das blöde Gesicht.

Man kan einen gar gesunden Ingwer-Zucker zubereiten auf folgende Weise: Nimm drey Loth fein zerstossenen Ingwer, frische Citronen-Schalen wohl gedört und zu Pulver gestossen, Zimmet und Muscaten-Nuß, jedes ein halb Loth, Nägelger, und Muscaten-Blüth jedes ein Quintlein, alles fein gestossen; darnach nimm zwey Pfund Zucker, feuchte ihn mit Rosenwasser an, stelle ihn in einem neuern irdenen Geschirr auf Kohlen, und lasse den Zucker gelinde aufkochen; darnach rühre alle diese Gewürtze hinein, und schütte es auf eine zinnerne Schüssel, und wann es kalt ist, so hebe es auf an einem trockenen Ort: Es ist gar ein vortrefflich Hausmittel, sonderlich wo Kinder sind, denen

man sonst nicht leicht etwas einbringen kan, und solche doch leichtlich Leibweh kriegen, wann sie des Nachts bloß liegen. Dieser Zucker stärcket den kalten Magen, befördert die Dauung, führt die Unreinigkeiten des Magens und der Därme ab, stillet die Colick und alles Leibweh, so von Verkältung oder nächtlichem bloß-liegen herrührt, benimmt die Ubligkeit, welche einem des Morgens aufstösset, so man einer Muscaten-Nuß groß Morgens, oder wann es sonst nöthig ist, einnimmt.

St. Johannis-Kraut.

Das St. Johannes-Kraut hat die Eigenschafft zu erwärmen, zu säubern, zu heilen, zu lindern, Schmertzen zu stillen, und das zerstockte geronnene Geblüth zu zertheilen.

Aus diesem Kraut läßt sich ein vortrefflicher Wund-Balsam auf folgende Weise machen: Nimm 4 Loth Johannes-Kraut, dessen Blümlein noch nit ausgeloffen sind, und 2 Loth Schößlein vom Wollkraut, zerhacke alles sehr-klein, giesse zwölf Loth doppelt abgezogenen Brandewein darüber, stopffe die Bottel wohl zu, und lasse es etliche Tage stehen, biß der Brandewein die Farbe wohl ausgezogen hat; drücke es hernach durch ein Tuch, mische noch zwey Loth Terpentin dazu, und lasse es 3 Tage und Nächte an einem warmen Ort stehen, so hast du einen vortrefflichen Wund-Balsam, äusserlich zu den Wunden, und auch innerlich gegen alle Versehrungen einzunehmen, etwan einen Theelöffel voll auf einmal, des Tages zwey biß 3 mal. Dieses Mittel ist unvergleichlich gut bey der Ruhr und andern scharffen Bauchflüssen, wan zuerst der Leib auslaxiret worden mit der Rhebarbara oder Panacá Antimony. Von dem so sehr vortrefflichen Johannes-Oehl besiehe den Calender vor das 1760ste Jahr.

Wermuth.

Der Wermuth erwärmet und stärcket den kalten und schwachen Magen, reiniget das Geblüth von der Fäulung und Galle, widerstehet dem Gift, wehret der Engbrüstigkeit und dem Aufstossen des Magens: In allen Kranckheiten des Magens die ihren Ursprung von Kälte her haben, ist der Wermuth überaus dienlich.

Der Wermuth dienet auch dem Rindvieh und Schaafen; daher ihnen die Hirten den gestossenen Wermuth mit Salz gemengt, zu fressen geben, um sie vor ansteckenden Seuchen zu bewahren.

Im Viehsterben soll man Morgens und Abends das Rindvieh in den Ställen mit Wermuth beräuchern.

Wäns

Wann junge Kinder Würme haben, so nehme man Wermuth, Rauten, Tausendgülden-Kraut und Balsam, brate solches in einer Pfanne in frischer Butter, und schmiere damit dem Kind das Bäuchlein im abnehmenden Licht, zwey biß drey mal des Tags, so warm als es das Kind leiden kan.

Wann die Kinder den Magen verkältet haben, und keine Speise bey ihnen bleiben will, daß sie sich entweder brechen, oder einen starcken Durchlauff haben, so schmiere ihnen hiermit die Hertzgrube, und halte damit etliche Tage an: Oder man nehme die oben gemeldete Kräuter frisch oder dörr, und zerschneide sie klein, und thue sie in ein Geschirr, das man wohl dicht zudecken kan, und schütte guten Rom oder Brandewein darauf, und stelle es auf Kohlen, daß es wohl heiß werde, doch aber nicht koche; und wann es wieder so viel erkaltet ist, daß es das Kind erleiden kan, so schlage man ihm von diesen Kräutern auf den Leib: Soll es aber vor das Brechen seyn, so lege man ihms auf die Magen-grube; thut man Camillen dazu, so ist es gar gut vor das Leibweh der Kinder.

Man kan auch auf folgende Weise eine gute Wermuth-Essenz machen: Nimm Wermuth ein Loth, Cardobenedicten, Tausendgülden-Kraut, Galgand, Calmus und Pommeranzen-Schalen, jedes ein halb Loth, thue es in ein Glaß und schütte 8 Loth Brandewein oder Rom drüber; lasse es 8 Tage stehen, presse es hernach durch ein Tuch wohl aus, und verwahre es. Von dieser Essenz morgens 20 biß 30 oder mehr Tropffen eingenommen in einem Glaß Wein, ist sehr gut in allerley Magen-Schwachheiten und Verkältungen, macht Lust zum essen und bewahret vor dem Fieber.

Brunnen-Kressen.

Diese Kraut-Gewächse wärmen und trocknen; sie haben viel flüchtig und Alkalisches Saltz bey sich, aber wenig öhligtes Wesen: Daher haben sie die Eigenschafft das kalte und schleimigte Scharbockische Geblüth zu säubern, die innerliche Verstopfungen zu eröffnen, Sand, Schleim und Urin zu treiben, den kurtzen Athem zu erleichtern, die verstopften Gekrös-Adern zu eröffnen, 2c. und in der Miltz-sucht Erleichterung zu geben.

Wann der Brunnen-Kresse noch jung und zart ist, so wird er als ein Salat gegessen, viele vermeinen damit den hitzigen Magen abzukühlen, da er doch denselben nützlich erwärmet. Wann man ihn auf solche Art gebrauchet, so treibt er den U-

in und Grieß fort, ist gut den Miltzsüchtigen und erkälteten Menschen: Schwangere Weiber sollen ihn nicht zu starck gebrauchen.

Dieses Kraut ist deren eines, welche bey den innerlichen Verstopfungen und Fäulung der Leber und des Miltzes gar nützlich gebraucht werden; dahero es nicht nur den Wassersüchtigen dienlich ist, sondern vornehmlich denen, welche mit dem Scharbock geplagt sind: Doch wann der Scharbock hitziger Art ist, so ist es nicht rathsam, es sey dann das kühlende Dinge drunter gemengt werden. Man kan es in Wasser sieden, in Wein beitzen, oder aus dem Safft einen Syrup machen.

Brunnenkreß-Samen, wie auch der Garten-Kreß-Samen auf ein halbes oder gantzes Quintlein schwer mit Kerbel-Wasser eingenommen, zertheilt alles geronnene Blut in denen, welche etwa einen schweren Fall gethan oder einen grosen Schrecken gehabt haben, daß das Geblüth davon erdicket und zu stocken angefangen.

Etliche drucken den Safft aus dem zerstoffenen Brunnen-Kresse frisch aus, andere nehmen auch wohl Bachbungen, Löffelkraut oder Körbelkraut dazu, und nehmen von solchem Safft eine Zeit lang Morgens und Abends 4 biß 6 Loth ein, entweder mit oder ohne Zucker, welches letztere weit besser ist; dann der Zucker macht das Geblüth nur schleimigt und scharff.

Andere zerhacken die obige Kräuter morgens u. Abends frisch, giessen hernach eine gute heisse Fleisch-Brühe darauf, lassen es wohl zugedeckt stehen, biß es so viel abgekühlt ist, daß mans trincken kan; pressen alsdann die Brühe durch ein Tuch aus, und trincken es also warm aus. Wiederum andere zerstossen die Kräuter, drücken den Safft aus, giessen ihn in einen saubern wohl gläsurten Hafen, und stellen ihn in warme Asche, lassen ihn etliche Stunden stehen, biß sich alles trübe zu Boden setzt, schütten das helle oben sachte ab, thun es in ein Glaß, und schütten ein wenig Baumöhl darauf, so hält sich der Safft eine ziemliche Zeit: Hievon trincken sie Morgens und Abends, jedesmal ein halb Eschild. Dieser Safft oder die Kräuter-Brühe dienet wider alle oben erzehlte Kranckheiten und Zustände: Ja er ist auch sehr nützlich in allen langwierigen Gebrechlichkeiten, als: In dem drey und viertägigen Fieber, welches er von Grund aus curiret: In langwierigen Husten und Engbrüstigkeiten, so von versessenem Schleim herkommt: In dem abnehmenden und schwindenden Fieber, welches von Dicke und Schleimigkeit der Lebens-säffte seinen Ursprung hat: In der anfetzenden oder bereits vorhandenen Wassersucht, indem er die in dem Leibe verseffene Wafferigkeit durch den Urin austreibt: Endlich tödtet er alles Gewürme, ja auch den Hertzwurm in dem Leibe, und führt sie aus.

Brunnen-Kreffe auf dem warmen Herd ein wenig gebähet, hernach geftoffen, mit Roggen-Mehl, dem Weiffen von Eyern und Taubenmift zu einem dicken Muß-Pflafter gekocht, dick auf ein Tuch geftrichen, und alfo warm über den fchmertzhaften Ort im Seitenftich gelegt, zertheilet den alba reffenen Schleim gewaltig, und ftillet alfo die Schmertzen. Schlägt man diefes Pflafter über die gefchwollene und erhartete Miltz, etliche Nächte nach einander, fo wird es nicht nur die Härtigkeit lindern, fondern auch viel Gefchwulft zertheilen.

Wer vom Feuer gebrandt ift, der nehme Brunkreffe, Zwiebeln, und frifche Epheu-Blätter, zerhacke alles unter einander, röfte es in frifcher ungefaltzener Butter oder Leinöhl, drücke die Butter oder das Oehl durch ein Tuch, und fchmiere den gebrandten Ort, fo wird der Brand gleich ausgezogen und heilen.

Der aus Brunnenkreffe ausgeprefte Safft mit Majoran-Wafter vermifcht, und in die Naafe offt aufgefchnupft, löfet die Verftopfungen der Naafen-Drüfen und verfchaffet alfo, daß der Schleim durch die Naafe abgehet, und das Haupt fich reiniget: und alfo vertreibt es die Schmertzen und Dumnigkeit des Haupts, fo von oben bemeldeter Verftopffung feinen Urfprung hat.

Einen Schwamm in Brunnenkreffen-Safft u. Effig getunckt, und hernach mit Biebergeil-Pulver beftreuet und vor die Naafe gehalten, ift gut wider die fo fehr fchädliche Schlaffucht, Lethargo genandt.

Der ausgeprefte Safft des Brunnenkreffes dienet auch äufferlich, nicht nur zur Auswafchung und reinigung allerhand faulen und garftigen Gefchwüren und Wunden, fondern auch wann in den Naaslöchern ein Schwammigtes faules Fleifch wächft: Wann man diefen Safft offt drein fpritzt, fo löfet es daffelbige nach und nach los, und bringt die Naaslöcher wieder zurecht. Diefer Safft war vor Alters ein groffes Geheimniß, mit welchem fie groffe Curen gethan haben.

Löffel-Kraut.

Das Löffelkraut ift warm und trocken, führet viel fcharffes flüchtiges geiftreiches Saltz und we-

nig Oehl in feinem Safft mit fich; und hat daher eine groffe Gleichheit mit dem Brunnenkreffen, die zähe, dicke, und fchleimigte Feuchtigkeiten zu verdünnern, die Verftopfungen des Miltzes und der Kröß-Adern zu eröffnen, und das Geblüth zu reinigen.

Das Löffelkraut ift eine vortreffliche Artzeney wider den Scharbock; doch ift es zuweilen zu hitzig: Und in folchem Fall muß es einen kühlenden Zufatz haben. Zu folchem Ende kan man ein wenig Salpeter mit gebrauchen, entweder unter den Safft gemengt, oder aparte dabey gebraucht.

Man kan aus dem Löffelkraut eine fehr nützliche Conferve oder Löffel-Kraut-Zucker auf folgende Weife machen: Man nimt fo viel Löffelkraut als man will, und thut noch einmal fo fchwer weiffen trockenen Zucker dazu, und ftöffet folches in einem höltzernen oder fteinernen Mörfel, biß es gantz fein und zart ift, und hebt es hernach in einem wohl gläfurten Irrdenen Gefchirr auf. Diefes ift eine köftliche und angenehme Artzeney wider den Scharbock und die Verftopfungen der Leber und Miltz, fo man zuweilen einer Mufcaten-Nuß groß davon einnimt. Eine gleiche Würckung hat auch das diftilirte Löffelkraut-Waffer, wann man öfters ein halb Efchül davon trincket.

So jemand äufferlich groffen Schmertzen hat von dem Scharbock, fonderlich an den Schenckeln und Füffen, der foll fich nachfolgenden Dampff machen laffen: Nimm Ebifch-Wurtzel vier Loth, Wermuth, Pappeln, Löffelkraut, Bachbungen, Beyfuß, Camillen-Blumen, jedes 2 Hände voll, Kimmel ein halbes Loth, zerfchneide alles, koche es in Brunnen-Waffer, und laffe den warmen Dampff an die Glieder gehen.

Der ausgedrückte Löffelkraut-Safft famt dem zerftoffenen Kraut die Nach durch über das Angeficht gefchlagen, vertreibt die Flecken, Mafern und Unreinigkeiten im Angeficht. Den folgenden Morgen muß man aber das Geficht abwafchen mit Waffer, darinnen Kleyen gekocht find.

Der von Löffelkraut ausgeprefte Safft ift fehr dienlich wider die Fäulung des Zahnfleifches, fo man es damit anreibt: Gleiche Würckung hat auch das diftilirte Waffer vom Löffelkraut und Bachbungen; oder fo man diefes nicht haben kan, foll man die Kräuter nehmen und in Milch kochen, und das Zahnfleifch damit wafchen und reiben.

Der Safft vom Löffelkraut mit Rofen-Honig und gebrandtem Allaun vermifcht, und das faule fcharbock-